[英] 凯特·斯维尔顿 著 杨 乐 译

DUDONG HAIZI DE QINGXU XINHAO

NI DE HAIZI BING BU TAOQI

读懂孩子的情绪信号

你的孩子并不淘气

接力出版社
Publishing House

桂图登字：20-2021-055

图书在版编目（CIP）数据

读懂孩子的情绪信号：你的孩子并不淘气 /（英）凯特·斯维尔顿著；杨乐译. —南宁：接力出版社，2023.7
ISBN 978-7-5448-8137-1

Ⅰ.①读… Ⅱ.①凯…②杨… Ⅲ.①幼儿教育－家庭教育 Ⅳ.①G781

中国国家版本馆 CIP 数据核字 (2023) 第 062266 号

责任编辑：马　婕　楚亚男　　装帧设计：许继云　　责任监印：刘　冬
责任校对：王　蒙　阮　萍　　版权联络：王彦超　　营销主理：贾毅奎　蔡欣芸
社长：黄　俭　　总编辑：白　冰
出版发行：接力出版社　　社址：广西南宁市园湖南路 9 号　　邮编：530022
电话：010-65546561（发行部）　　传真：010-65545210（发行部）
http://www.jielibj.com　　E-mail: jieli@jielibook.com
经销：新华书店　　印制：天津盛辉印刷有限公司
开本：880 毫米 ×1250 毫米　1/32　　印张：10.25　　字数：210 千字
版次：2023 年 7 月第 1 版　　印次：2023 年 7 月第 1 次印刷
印数：0 001—8 000 册　　定价：68.00 元

注：出于对当事人的隐私保护，本书中的部分人名有改动。

谨以此书献给世界各地的父母。

不管你们是孤军奋战，还是有人帮忙；不管你们是丧偶、离异还是分居；也许你们是孩子的祖父母、养父母、继父继母……

所有的父母都是伟大的。你们善良、有爱心，又有同理心。你们承担着这世上最难的工作——为人父母。请记住我的赞美。这很重要，也毋庸置疑。

目录

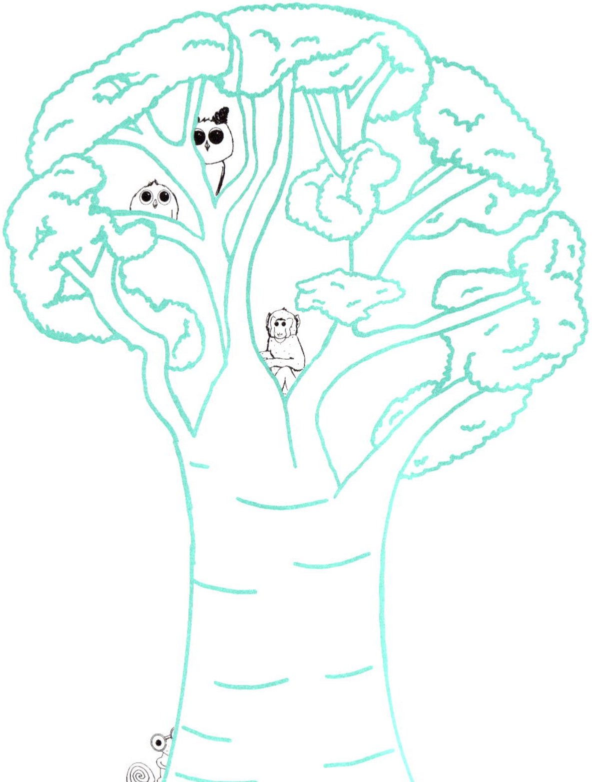

这是一个关于三种动物（蜥蜴、狒狒、聪明的猫头鹰）和一棵树（猴面包树）的故事。在这本书里，我通过这样的比喻来讲述人类大脑的工作机制，以及父母行为与孩子大脑发育之间的互相影响。

五岁以下的孩子没有一个是淘气的。这个故事和比喻会告诉你原因。

读完这个故事，你会明白：抓住 0—5 岁这段时期，就抓住了孩子的未来。

我希望把我的知识分享给大家。

前言

我为什么要写这本书？

我终于做母亲了！没错，我经历过四次失败的试管受孕，两次意外流产。怀孕不易，我真的筋疲力尽，尝尽了心碎的滋味。所以在我以四十岁“高龄”怀孕时，我欣喜若狂。当时连医生们也放弃了希望。这真的是一个奇迹。四十三岁那年，我再度自然受孕。我的两个孩子——克莱门西和威尔伯，是上天赐予我的礼物，我既欣慰又感恩。尽管如此，我还是有很多疑问，比如：

1. 天哪！为什么没有人告诉过我养娃这么难？

2. 嗯……到底为什么这么难？!

3. 其他人呢？大家都觉得养娃难吗？

我的先生曾经是一名军人。克莱门西从医院回家六个星期之后，他感叹道：“拿军衔也没有养娃难！”他还说：

“就是养狗，别人也会教我怎么养！”

的确，残酷的现实就在眼前。我先生开玩笑说，如果了解了养娃的真相，我们大概率会选择丁克！因为我们在育儿方面都像是一座孤岛。在过去的部落社会里，我们不仅有老一辈代代相传的育儿经验，还可以获得各种支持。那时的我们没有经历过睡眠被剥夺的痛苦，家人们还会帮忙做饭或者带孩子。

时代不同，但是我们对于养育孩子有着不变的希望和理想。我们都希望成为最好的父母，希望把养娃这件事“做对”，希望自己的孩子健康成长，让他们得到尊重和爱护，获得足够的安全感。

可是在过去的几十年里，家长得到的育儿建议更多是从父母视角出发的。当然这无可厚非，但是这并不一定适用于我们的孩子。比如，我们都听说过“淘气凳”（即如果儿童行为不当时，家长会要求孩子坐在“淘气凳”上，作为一种惩罚）、“关小黑屋”，甚至“哭声免疫法”。这些育儿建议的初衷都很好——为了帮助父母省时省力，让父母更从容地育儿。想一想，我们可不可以把这些古老的育儿精华与现代科学结合在一起呢？我们可不可以让育儿这件事对父母和孩子都有益呢？

面对孩子的心理危机，我们前所未有地希望自己养育的孩子善良、体贴、有同理心。我们希望他们长大后可以成为有探险精神的人，可以战胜困难，拥抱多彩的生活。

在成为母亲之后，我真心希望我可以尽可能地呵护孩子的心理健康和身体健康，因为这两者都非常重要。

作为一名记者，我有机会接触到很多优秀的专业人士，例如临床心理咨询师皮特·冯纳吉，神经科学家、精神专家布鲁斯·佩里博士，临床医生、儿童心理治疗师伽柏·玛德博士、玛格特·桑德兰博士，还有我的好朋友丽莎·艾丽。我甚至邀请很多儿童精神专科医生来我家一起喝下午茶。我还要求他们“带着脑子”来做客（对，就是带着“脑子”）。我读过非常多的育儿书籍，学习过各个流派的育儿理论。在这个过程中，我也迷茫过。我特别希望专家能告诉我，为什么孩子会有各种各样的行为；我更希望知道，作为父母，该如何正确应对孩子的行为，养育一个身心健康的孩子。

通过多年的儿童心理咨询培训和对心理治疗的学习，我知道童年的经历决定了一个人的发展。但是我不知道，我们的大脑发育、生活习性以及行为习惯都会受到童年经历的影响。对于这一点，我很震惊。孩子的大脑发育取决于父母的养育方式。这样我可以从另一个视角去理解孩子的行为。我发现我可以更从容地去处理孩子的无理取闹和情绪失控，也可以更轻松地化解孩子们之间的争吵，因为兄弟姐妹之间的争吵大多源于内心的恐惧。

我发现养娃其实没有那么难，而且我的孩子也可以更快乐。通过学习，我渐渐发现在育儿的路上我不再摸黑走路。我越来越自信，越来越相信自己的直觉。这真的是一个了不起的觉醒。我的先生从小在“孩子不打不成器”的环境下长大。对于他来说，这也是一个观念的转变，而且，不需要使用“淘气凳”惩罚孩子哟！

我写这本书的目的就是和大家分享我的一些育儿经验。我认为这些经验非常珍贵。相信所有父母都想知道如何养育心理健康的孩子。科学育儿，不仅仅可以让孩子更加适应未来，也可以让育儿的过程变得更轻松、更有趣。

我想跟大家分享培养健康大脑的秘诀。

科学家们数十年前就已经发现这些与脑科学相关的育儿知识，但是这些知识（或者说科学家们想告诉我们的知识）并不是当前主流的育儿观念。

为什么呢？

我也问过专家们这个问题。他们回答说：“因为科学喜欢贴标签。”冯纳吉教授和佩里博士甚至还给了我一个挑战任务：“你试试看，能否把科学理论用讲故事的方法讲明白。简单点。”

我打算接受这个挑战，把复杂的大脑结构重新命名，然后用简单的概念去阐述大脑发育是如何影响儿童行为的。

阐述这个概念，我使用了一些意象：三种动物和一种植物（蜥蜴、狒狒、聪明的猫头鹰和猴面包树）。这样既便于理解，也便于家长朋友们实践。

家长们每天都非常忙碌，我希望把这些理论简单化，用简单的语言讲清楚，让他们和孩子随学随用。

所以，这本书是有科学依据的。这么说，我是想给予你力量。我希望每一位家长都可以通过蜥蜴、狒狒、猫头鹰的简单比喻，理解艰深但非常重要的脑科学。这样，你就可以扬起科学的风帆，相信父母的本能，在育儿的道路上一往无前。

在这本书里，你还会看到脑科学的知识板块。这是我在采访过许多专家学者后总结出来的，也涵盖了我多年的研究成果和阅读的临床资料。

第一部分

这本书的前两个章节是本书的框架。主要阐述了你的育儿方式如何决定孩子的成长，比如：孩子的冒险精神、孩子的抗挫力，甚至孩子未来的各种人际关系。这本书里，我使用了三种动物和猴面包树的比喻来解释孩子的行为发展。读完第一部分，你会成为一个无所不知的神经医学达人。你可以轻松化解孩子的各种行为问题——哭闹、发脾气、争吵、恐惧等等。我保证你可以学会这些概念。所以，别放弃，跟着我一起把你的名字写在养娃达人的徽章上吧！

第二部分

我分析了很多育儿场景，比如让我们都闻风丧胆的孩子在公共场合情绪失控、无理取闹、“拒绝服从命令（我的军人先生麦克起的名字）”。还有，如何处理一些特殊情况：孩子入园 / 入学、亲人去世、父母分居或者离异等场景。我会毫无保留地分享我自己在育儿过程中遇到的一些问题——就是为了告诉你，育儿路上你并不是一个人。本书中也有其他人的育儿经验，包括我先生，这样读者朋友们就可以从另一个视角来看我的育儿观了。

你会在每个章节中学到很多有用的建议及方法。我会直接给大家提供一些可以参考的话术。因为我知道，被养娃所困的父母只想知道：“有没有人可以告诉我具体怎么做？现在我该怎么办？”

育儿真的很不容易！我现在终于明白为什么说养娃是天底下最艰难的工作。我们经常只身一人，做事徒劳无功……作为一个大龄职场妈妈，我知道这有多么令人疲惫。家里的两个小孩，也让我知道现代父母会遇到多少问题。

然而，通过过去几十年的学习，我知道我们可以比想象中更强大、更能干。我们一定可以养育出健康快乐的孩子，跟孩子建立更牢固的亲子纽带。

希望这本书可以帮助你成为自己理想中的父母。育儿的旅程中，我希望这本书可以给你支持，让你被滋养、被赋能，帮助你培养一个健康快乐的孩子。我希望这本书可以带给孩子一个更美好的未来，同时让养育的时光也充满快乐。

来吧，一头扎进这本书里吧。我会一直陪着你的。

凯特·斯维尔顿

PART I

UNDER-STANDING YOUR CHILD

THE LIZARD, THE BABOON AND THE WISE OWL® WAY

第一部分

蜥蜴－狒狒－猫头鹰育儿法

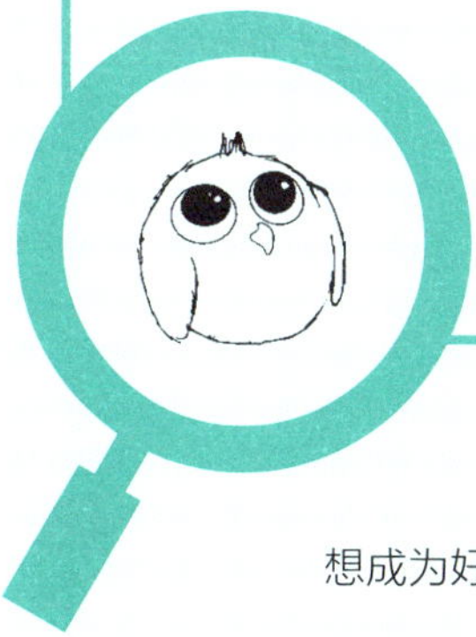

想成为好父母，我们必须了解我们的孩子：了解他们如何思考，了解他们行为背后的真正原因。了解孩子大脑的发育原理后，育儿也会变得轻松许多。

在第一部分，我会用三种动物（蜥蜴、狒狒和聪明的猫头鹰）进行比喻，用极简的方式来阐述孩子大脑复杂的工作机制。

相信你在读完这些新知识后，会更加理解孩子的行为。并且你会明白，为什么我说“你的孩子并不淘气”。

1

什么是蜥蜴、狒狒、猫头鹰？

从不一样的视角来看孩子，你会看到不一样的孩子。

——斯图尔特·G. 尚克博士（纽约大学哲学心理学名誉教授）

“她正在经历‘可怕的两岁’！”

“我的孩子特别黏人。”

“我的女儿不爱分享。”

“我的儿子爱咬人。”

“我的双胞胎孩子总是坐不住。”

“为什么我们总是没法按时出门？！”

“我的女儿特别爱发脾气。她总是打她妹妹。”

“他们为什么就是不听话？”

为什么孩子会有这样那样的行为？

传统的育儿理论会说，你的孩子很淘气，而我认为，这些老套的说法才是错误的。

我们的孩子并不淘气。他们是通过自己的行为，在告诉我们一些东西，因为他们只会用这种方式跟我们沟通。

五岁以下的孩子并不能用语言很好地表达自己，他们只能通过行动来表达自己的情感。在这个年龄段，孩子的“情绪过滤器”还没有发育完善。他们的情感非常强烈，有很多小事在他们眼里就像世界末日一样严重。所以，要读懂孩子的情绪信号，我们需要了解孩子的大脑机制（本章的主要内容）。读完之后，你一定会明白，你的孩子其实并不淘气。

了解孩子之后，我们再也不会责问孩子：“你到底有什么毛病？”相反，我们会关切地问孩子：“我可以帮助你吗？”

就这么简单！

虽然听起来简单，但是帮助孩子学会控制情绪非常重要，这是我们能给孩子最珍贵的礼物。大家都望子成龙，但我们真的没必要非得把孩子都培养成小爱因斯坦或者小莫扎特。要想培养出全面发展、身心健康、快乐幸福的孩子，我们要相信科学。

研究表明，教会孩子如何处理自己的情绪很重要，这可以确保孩子未来的心理健康。最妙的是，大自然有着最好的安排：我们完全可以靠自己教会孩子这一点。

大脑的奥秘

很多家长为了促进孩子的早期发展，给孩子看识字卡片。其实与其这样，不如简简单单地抱抱孩子，让孩子感受到爱意。

——苏·格哈特（心理治疗师、《为什么爱很重要》作者）

情绪就是我们内心能够感知到的情感。这些情绪可以帮助我们识别生活中哪些东西是安全的，是可以靠近的；也可以帮我们发现危险，让我们及时逃离。

孩子未来会成为什么样的人？他们的身体健康以及心理健康到底受什么因素的影响呢？答案其实很简单：儿童的早期经历和家长的影响是两大要素。儿童的大脑处于发育阶段，跟成年人的大脑不一样。只有了解了这一点，我们才能更好地陪伴孩子成长。

下面这张图，你看到了什么？

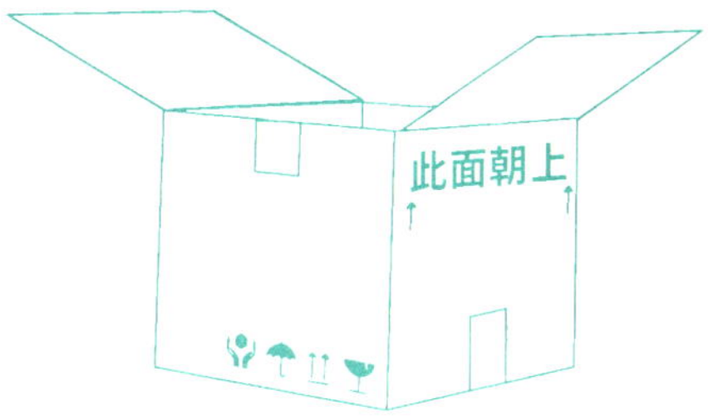

看看吧，这些是孩子们看到的东西……

火箭？

赛车？

城堡？

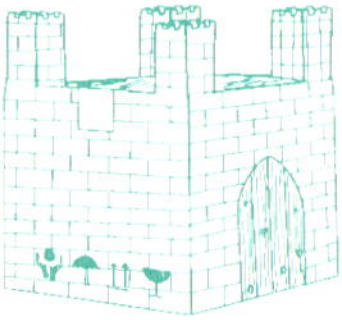

房子？

五岁以下的儿童眼中的世界跟我们的是不一样的，因为他们的大脑和成年人的大脑不一样。儿童的大脑还处在不断发育、不断学习、不断探索的阶段，没有我们成年人的大脑发育得那么健全。皮特·冯纳吉教授和很多研究人员都曾提过这样一个观点：**二十五岁之前，人类的大脑都处在发育过程中。五岁以下儿童的大脑还处于早期发育阶段，儿童的行为能力也处在发展过程中。**

我在了解大脑发育理论之后，对我的两个孩子有了更深层的理解。我想明白了很多问题：为什么孩子不爱分享？为什么我的儿子总是会打姐姐？为什么我们全家出趟门那么困难？……

我可以更轻松地应对孩子的哭闹和坏情绪。我可以制止孩子们之间的争吵，让他们变成好朋友；我也不需要使用惩罚手段，不需要让孩子坐“淘气凳”，也不需要把孩子“关小黑屋”。我发现我拥有了可以“走进孩子内心”的魔力，可以从孩子的视角看问题。我也可以成为自己理想中的父母，理解孩子的情感，发现这些情感背后的原因。

为了帮助孩子成长，让孩子更快乐地生活、更好地面对挑战，我们需要了解他们大脑的发育机制。

培养健康快乐的孩子，其实也是我们自己的修行。

大脑是一个非常精密又复杂的器官。我自己在学习神经科学的时候，也时常感到脑子不够用。大脑杏仁核、边缘系统、迷走神经这样的术语让我觉得我是在学习编程，或是观看一个专业的德国汽车广告。反正，我没有感到自己是在研究一个精妙绝伦的人体器官。

我打算把复杂的科学简单化。我自创了一个比喻，帮助自己理解孩子的大脑发育。这个方法对我有帮助，所以我也想把它分享给为人父母的你。我希望你可以明白为什么我常常说“没有淘气这回事”。希望你读完这一章，也可以跟别人把这个道理讲明白。

蜥蜴、狒狒和聪明的猫头鹰

很久以前，当人类的祖先开始直立行走的时候，人类解放了双手，可以更自如地用双手做更多事情。在智力水平大幅提升的同时，人类大脑的体积也大幅增加。但是，直立行走也对人类有其他影响。

大脑的奥秘

人类开始站立的同时，女性的骨盆和产道变得更加狭窄。大大的脑袋和狭窄的骨盆——意味着人类的新生儿一定是发育不完全的。

——玛格特·桑德兰博士（心理治疗师、《育儿的科学》作者）

人类新生儿的大脑是未发育完全的，因此人类婴儿比起其他哺乳动物总是显得稚嫩又脆弱。斑马的幼崽在出生后一个小时就可以奔跑，可以躲避肉食动物的追击。长颈鹿的幼崽从母亲的子宫里直接呱呱坠地——也就是从 6 英尺（约 1.8 米）的高处掉落，尽管一开始有些跌跌撞撞，但是很快它们就可以开始走路。海豚一出生就可以游泳。这个对比非常鲜明，因为人类的婴儿出生时，是脆弱无助的，他们需要差不多一年的时间才可以学会走路。刚出生的人类婴儿根本无法照顾自己。

人类的婴儿在大脑发育完全之前，是没有独立生存能力的。他们需要依赖大人来生存。在人类生命之初，大脑发育是非常迅速的：不管身处什么样的环境，孩子们都需要快速掌握生存的技能和本领。

人类的大脑是由下到上，从底层向上层发育的。科学家们根据大脑发育过程，将大脑分为几个区域。这几个区域互相作用，相互关联，但是每一个区域又各自独立，有自己特殊的功能。

我们需要了解大脑各个区域的工作机制以及它们对儿童行为的影响，这样才能更好地了解孩子。

第一个区域是脑干与小脑，我们称之为“生存脑”，因为这个区域负责维持生命。这个区域负责人体的心率调节、体温控制、睡眠周期、呼吸功能、身体平衡、食欲以及消化等重要功能。在我们感受到潜在的生存威胁时，“生存脑”会帮我们做出反馈。威胁可以是来自内部的，比如饥饿；也可以是外部威胁，比如有人挥着拳头冲向我们。

在遇到这些威胁时，我们的“生存脑”会本能地做出回应。这个时候，我们的回应是无意识的。有的时候，我们会“战斗 / 逃跑”；有的时候，我们会“原地不动”。人类的胎儿还在母亲子宫里的时候，主要依赖这个大脑区域来生存。婴儿在一岁之前，这个区域也负责控制婴儿的大多数行为。

下一个区域叫“边缘系统”，也叫“情绪脑”。它主要有两个作用：一是负责处理、调节儿童的“大情感”，例如愤怒与喜悦；二是负责协调儿童的社交行为，帮助儿童学会与他人共处。儿童也是通过这个大脑区域学会感知世界的。“情绪脑”负责处理人类的视觉、听觉、味觉、嗅觉以及触觉等感官知觉。这里是人类的记忆存储中心，也是语言控制系统。

人类对于压力的反应也与“情绪脑”密切相关。它可以帮助我们在危机时做出相应的反应。

“生存脑”和“情绪脑”又被称为人类的“低位脑”。同时两个区域也是密切关联的。

最后是我们的大脑皮层——尤其是前额皮质，科学家们管这个区域叫“思考脑”。思考脑又被称为“高位脑”。人类之所以区别于其他动物，正是因为人类拥有可以思考的大脑。这个区域可以辅助学习认知，让儿童变得有同理心（从他人的视角来进行思考的能力），让儿童思考过去与未来，让儿童具有解决问题的能力，并且帮助儿童理解一些抽象的概念。

生命之初，人类的大脑就拥有这三个区域。这几个区域按照一定的顺序，自下而上进行发育，即发育由脑干开始，至大脑皮质结束。在生命早期阶段，它们也会对儿童的行为产生影响。

人类的大脑像是一台精密的仪器。我喜欢做脑科学的研究，但是我也经常对一些专业术语感到困惑。比如说，小脑和下丘脑到底是什么？我也可以在本书中用几页篇幅讲解大脑的各个组成部分，以及它们各自的功能（别担心，我不会这么做的）。在过去数十年中，人类关于大脑的研究取得了很多突破性的进展，但是普罗大众却始终没有真正地接触到这些前沿知识。我觉得，大家就是被这些专业术语吓退的。

可是，如果我们想保证孩子的身心健康，就需要了解他们大脑的发育过程，尤其是儿童大脑早期的发育，这样才能实现科学育儿。所以，我尝试将这些科学研究的成果进行"提纯"——用最简单的概念来解释最复杂的科学，希望广大父母朋友可以更好地读懂儿童的行为。

这个简单的比喻包括一棵树、一只蜥蜴、一只狒狒，还有一只聪明的猫头鹰（很简单吧……嗯，不客气）。

当然了，这只是一个比喻，孩子大脑里肯定是没有蜥蜴、狒狒、猫头鹰的，但是我觉得这样讲，家长们会更容易理解。这是我多年来潜心研究和辛勤访谈的成果。

我当然也鼓励大家阅读脑科学著作，了解神经科学最前沿的理论。皮特·冯纳吉教授、布鲁斯·佩里博士、玛格特·桑德兰博士的著作对我影响很深。

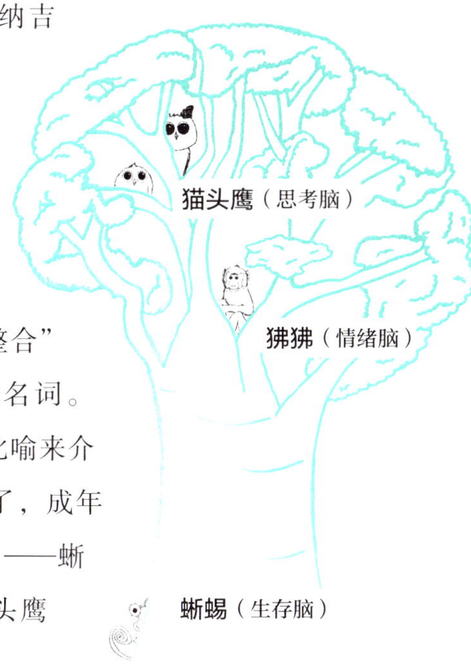

但是现在，让我们暂时放下"双侧整合"以及"小脑"等学术名词。我要通过一个简单的比喻来介绍孩子的大脑（当然了，成年人的大脑也是一样的）——蜥蜴、狒狒、聪明的猫头鹰和一棵树。

首先，这不是一棵普通的树，它是生长在津巴布韦的一棵古老的猴面包树。猴面包树是智慧的象征。年长的人们会围坐在树下，将知识传给村里的孩子们。在那里，智慧与知识就是这样代代相传的。

我把猴面包树比作孩子的大脑。在树干的最下面，坐着一只小小的蜥蜴。这只小蜥蜴就是我们的“生存脑”。

蜥蜴（生存脑）

为什么要把这个区域比作蜥蜴呢？因为很久很久以前，爬行动物的大脑就已经有这个区域了。这是人类大脑和爬行动物大脑的一个共同点。尽管“生存脑”原始又低级，但是它可以确保人类的生存与安全。

来，先想象一下大自然中的蜥蜴。

蜥蜴是靠着本能生存的。比如，饥饿的时候，刚好有一只苍蝇飞过，蜥蜴就会伸出舌头。好啦，这就是它的午饭。如果它听到附近草丛里有沙沙的声响，可能会马上跳起来逃走，也可能会原地不动，试图混在草丛里不被发现。其实人类也是这样。我们的“蜥蜴脑”（生存脑）负责我们的基本生存。当我们感到饥饿或者口渴的时候，当我们感到炎热或者寒冷的时候，当我们遭到袭击的时候，蜥蜴脑可以帮助我们快速做出反应。

蜥蜴脑负责人类的应激反应。当脑干中产生了恐惧这种情绪，蜥蜴脑会让我们做出“战斗—逃跑—原地不动”的反应。简单来说，如果感受到威胁，我们可以选择战斗，也可以掉头逃跑。如果逃脱的机会不大，我们也可能躲在原地，盼望着威胁解除。

蜥蜴的一切应激反应都不是自主选择的，它的行为都是本能的、自动化的。我们可以在人类儿童的一些行为中看到这些本能反应。比如，孩子有时会在公共场合情绪崩溃，直接躺在地上。这其实就是孩子大脑里的蜥蜴感受到了巨大的威胁，无法正常运作的结果。在遭遇重大变故或者遇到巨大压力的时候，成年人也会出现类似昏厥或者吓傻了的情况。

在蜥蜴脑的作用下，婴儿在受到惊吓的时候身体会僵硬。如果他们在仰卧时受到惊吓或者听到巨大的噪声，就会挥舞手脚，像要逃跑一样。当你第一次给婴儿洗澡的时候，孩子可能会在浴室里撕心裂肺地哭。你可以这样理解：因为突如其来的温差，他脑袋里的小蜥蜴已经上蹿下跳，进入防御模式了。当孩子感到饥饿的时候，也是这只大脑里的小蜥蜴，通过孩子的哭声来告诉父母：“我饿了！”

这只小蜥蜴很简单，它没有复杂的心思。它不是天天坐在那里搓着小手，心里打着小算盘：*哼哼……我要让这个小孩子又哭又闹，大喊大叫。我要气死爸爸和妈妈！*

不，不是这样的。蜥蜴只有一个任务，就是确保孩子的生存。它会用自己的方式来告诉家长孩子的诉求。这一切都是自动化的。家长们应该重视回应蜥蜴的诉求，因为这不仅关乎孩子的身体健康，也会影响孩子未来的心理健康。

蜥蜴的发展会影响孩子未来的行为习惯，面对挫折、焦虑以及恐惧等情绪的处理能力。同时，蜥蜴的健康发展也决定了孩子未来会成为什么样的人。所以，“生存脑”的发展以及它与外界所建立的联系（例如这个世界是否安全、这个世界是否充满温暖）对于孩子非常重要。

蜥蜴脑的发展起始于胎儿的早期阶段。

大脑的奥秘

大脑发展起始于胚胎受孕成功后的两周。孕育之初，胎儿有两大核心需求：**与父母间安全且有爱的联结，以及丰富的生命体验。**作为家长，我们要为孩子提供安全、理想的成长环境，这就像食物和水一样重要。

——皮特·冯纳吉教授（安娜·弗洛伊德儿童与家庭国家中心首席执行官）

孩子在母亲腹中及出生后的第一年会对他们日后的成长有所影响。我之前真的没有想到这一点。我生孩子的时候，我的助产士珍妮·史密斯说每个人都应该了解这一点。“我们需要告诉刚刚怀孕的母亲孕早期的重要性。因为在生命孕育之初，胎儿就需要来自母亲的关怀与支持。这不仅仅影响着胎儿的身体发育，也决定了胎儿的大脑发育。随后的几年婴幼儿时期，也对孩子未来的发展有着深远的影响。”

对于婴儿来说，初到这个世界，一切体验都是崭新的。细细想来，这也是有点吓人的。因为婴儿并不能主动控制自己的身体，更像是被困在小小的身体中。他们那么无助，感到危险时不能主动避开，感到饥饿时也不能自主进食。所以，早期的蜥蜴是依靠父母维持生存的。当你抱着孩子或者搂住孩子，让他感受到温暖与安全的时候，你其实就是在安抚他大脑中最原始的那只小蜥蜴。孩子会明白：当他感到饥饿、惊吓或者疼痛的时候，爸爸妈妈一直都在。我们会保护他、帮助他，保障他的基本生存安全。

当你回应孩子呼唤的时候，当你安抚孩子的时候，当你满足孩子需求的时候，你都是在帮助孩子塑造健康的大脑。

大脑的奥秘

安全感对于人类的心理健康非常重要。人类与他人安全的情感联结非常重要。我们的人生是否有意义，是否令人满意，都建立在这一基础之上。

——贝塞尔·A. 万·德·柯尔克（心理医生、研究员、《身体会计分——大脑、思想与身体在创伤治疗中的作用》作者）

孩子大脑中的蜥蜴与外界的联结越积极（当孩子需要你的时候，你做出了回应），孩子在未来应对挑战的能力也就越强。

举个例子，想象一下，我们是怎么教会孩子骑自行车的。我们肯定不会第一次就把孩子一把推开，让他一个人自己学骑车。我们会先给孩子的自行车安装辅助轮，帮助孩子学会平衡身体。我们会陪在孩子的身边，直到他学会独自骑车。之后，我们会站在他的身后，为他欢呼打气，也会吻一吻他摔伤的膝盖。同样的，在孩子生命旅程的初期，我们就像“辅助轮”一样在帮助孩子建立自信，找到“平衡”。这样，我们的孩子才敢于去尝试新事物，最终走向独立。

孩子也是由此开始一步步增强心理韧性的。“把孩子直接扔到死胡同里，让他自己成长”并不能培养出具有心理韧性的孩子。

相反，孩子的心理韧性成长于坚实又安全的环境。它需要父母无条件的爱与支持。在孩子生命最初、最脆弱的阶段，安全与关爱非常重要。做到这些，我们就给孩子大脑的健康发育打好了基础。这会让孩子受益一生。

总结一下这个部分：

1. 孩子大脑中的蜥蜴负责保障生存。

2. 蜥蜴不会自主选择自己的行为……蜥蜴的一切行为都是本能的、自动化的。蜥蜴的行为都是为了表达自己的需求。

3. 蜥蜴的健康发展，尤其是人生的最初几年，对孩子的一生有着重要的影响。

4. 孩子们在未来是否敢于冒险、是否能够处理焦虑的情绪、未来的心理是否健康……都取决于小蜥蜴的健康发展。

那么，大脑中还有哪些区域呢？

嗯，让我们再一次回到“猴面包树”。这次，我们爬高一点儿，看看树枝上有什么……

狒狒（情绪脑）

在我的书中，我把大脑中的“情绪脑”（边缘系统）比作一只狒狒。其他哺乳动物的大脑中也有这个区域。比如你的宠物猫和宠物狗的大脑都有“情绪脑”。狒狒负责掌管孩子的社交行为，比如懂得如何关爱他人，如何培养表达力与幽默感，如何与他人建立亲密的联结。狒狒掌管了孩子的一些情绪，例如恐惧、愤怒、喜悦以及信任。孩子大脑中的狒狒没有任何时间观念（狒狒可不戴手表）。它没有逻辑思维能力，就是一只活在当下的狒狒。狒狒和蜥蜴一起保障孩子的安全与生存。

我把狒狒比作孩子的自我防御系统。它可以帮助孩子保持警觉，远离危险。想象一下，这只狒狒正坐在猴面包树的一根树杈上，远眺着地平线，机警地观察着附近是否有危险。如果狒狒看到了任何可疑的风险，它就会跳到地面上。

它捶胸顿足，试图用自己的方式来吓退敌人。狒狒通过分析对方的身体语言来判断具体的应对方式。就像小狗等其他哺乳动物一样，狒狒通过观察对方的眼睛来判断其意图。狒狒帮助孩子与他人建立良好的关系，也帮助孩子与他人建立依恋模式。这其实也是孩子的另一种生存机制。毕竟，跟着一个“部落”或者“大部队”总比单打独斗安全多了。

在孩子出生的头三年，狒狒需要自力更生。这也就是为什么蹒跚学步的儿童有时候顽皮得像一只狒狒。（我的儿子今年六岁了。正是受他启发，我才把孩子比作狒狒的，哈哈。）到处乱跑乱跳，乱扔食物，抢夺玩具，用拳头砸地……这些我们觉得受不了的行为，不正像一只调皮的狒狒吗？

所以请把我们的孩子看作一只蜥蜴或者狒狒。他们的所作所为都是为了生存。孩子没有成年人那样完善的大脑，他们不会生下来就说“请”和“谢谢”。当我们面对孩子情绪崩溃或者发脾气的时候，我们可以尝试从孩子的视角去看问题。孩子的大脑还在发育过程中，他们无法达到我们预期的目标。我们要了解并且接受这一点。

父母们应当了解孩子行为背后的原因。这样，我们就可以在孩子担心、害怕的时候及时安抚他们，帮助孩子的大脑与外界建立积极的联结，这也有助于我们与孩子建立亲密的联结。在心理治疗中，有一个概念叫“安全依恋”。英国精神病学家约翰·鲍尔比提出了著名的“依恋”理论。他将“依恋”定义为人类彼此之间一种持续的心理联结。举个例子，当孩子感到压力、威胁或者恐惧的时候，他们会找父母寻求帮助。为什么呢？因为他们知道父母是可以帮助自己的人。他们相信爸爸妈妈可以帮助自己驱散恐惧，包容自己的各种情感。建立安全依恋模式的孩子，长大之后身心也会更加健康，可以更好地处理压力，也可以更好地处理各种人际关系，是的，也包括恋爱关系。

大脑的奥秘

当代神经科学已经有充分的证据支持依恋理论。并且 0—5 岁是建立安全依恋模式的关键时期。如果这个时期孩子没有建立安全的依恋模式，那么未来，他可能会在学习、身体健康以及社交等方面遇到各种问题。在情感匮乏环境下长大的孩子更容易出现心理问题。作为父母，我们可以在孩子 0—5 岁的关键时期加强他们的安全感。通过“照顾与反馈”的互动模式，帮助孩子形成安全的依恋模式。就像网球比赛中的来回对打一样，孩子也需要一来一往跟父母进行互动。他们会通过自己的方式来向父母倾诉需求。可能是咿咿呀呀地说话，可能是用手指一指自己想要的物品，也可能是通过模仿大人的面部表情……

孩子会在这个互动过程中发展自己的语言、认知以及社交等技能，这些也是健康大脑发育的关键要素。

——皮特·冯纳吉教授（安娜·弗洛伊德儿童与家庭国家中心首席执行官）

冯纳吉教授指出，“如果儿童在童年时期建立安全的依恋模式，那么他长大之后健康的概率更大，会具备更好的学习能力。相反，不安全的依恋模式会增大孩子成年后的心理风险”。所以在孩子小的时候，我们与他们的互动方式非常重要。

本书中，我会用狒狒的一些行为（比如抢东西、打人、情绪崩溃等行为）来举例。通过这些例子，我会告诉家长朋友应当如何回应孩子的行为。就像打网球一样，把球优雅地打回给孩子。我会分享一些小贴士、小工具来帮助你处理孩子那些恼人的行为，让狒狒安静下来，不再乱扔东西。我希望你可以明白孩子大脑的发育机制（这套机制其实也适用于成年人）。当你看到孩子出现这样那样的行为时，你不会简单地把这些行为称为淘气，而会理解孩子，知道这只是他们大脑里那只还没有发育完全的狒狒的本能反应。

当狒狒感受到威胁的时候，通常会不经过思考就直接做出各种各样的行为。比如当其他孩子抢走了狒狒心爱的玩具，当其他兄弟姐妹吃了狒狒的蛋糕，或者幼儿园里的其他小朋友跟狒狒有肢体冲撞……在这些情况下，狒狒很难去控制自己的情绪，他们通常会冲动行事。

我们可以帮助孩子学会管理情绪，这也是帮助他们提高自我调节能力。首先，我们可以帮助孩子认识自己的情绪。著名临床心理学家艾伦·斯霍勒博士曾指出，父母应当在儿童早期阶段帮助他们学会情绪调节。

大脑的奥秘

出生后的头两年是儿童大脑发育的关键时期。儿童大脑的体积在出生后的第一年会增大两倍。随后第二年，大脑中的神经连接开始发育，形成了大脑中各种各样的神经活动模式。我们需要的是健康且稳定的神经活动模式，而大脑中负责情绪稳定、自我控制和自我认知的区域都是在儿童早期阶段发育完成的。

——艾伦·斯霍勒博士（著名临床心理学家）

如果你觉得这有点不可思议，你可以这么想：其实成年人也会做出跟狒狒一样的行为。比如，有些大人会在工作的时候“把玩具丢出婴儿车”，有些路怒的司机会对着骑摩托车的人大吼大叫、暴跳如雷……这都是狒狒的行为。

当然了，当狒狒也有一些好处，比如可以与他人建立社交联结，可以像狒狒一样调皮风趣，可以通过言语进行交流，可以关爱他人，可以拥有记忆力，把自己的经历与情感生动又真实地记录下来。

狒狒可以帮助孩子形成记忆。无论经历好坏，都值得记录。狒狒为我们搭建了“经历图书馆”。每一天，狒狒都会帮助孩子书写自己的“经历图书馆”——什么事情有趣，什么事情无聊；哪些事情父母不在的时候可以做，哪些事情不能做；等等。

当孩子要跟我们玩枕头大战或者摔跤游戏的时候，当孩子在攀爬架上努力攀登的时候……他们都是表现出了自己像小狒狒的一面。是狒狒让孩子充满好奇、调皮爱玩，是狒狒帮我们创造出这些美丽的记忆，也是狒狒帮我们存储这些珍贵的童年回忆。

孩子会慢慢变得更自信，狒狒也会鼓励孩子继续尝试新事物，保持独立。当你看到孩子在努力变得独立的时候，恭喜你！这标志着你育儿的成功。因为孩子信任你，他相信你会在他失败的时候陪在他的身边。

还有一点我想告诉你：也许有时你感到孩子总是以自我为中心、自私并且高需求，这很正常，因为这是人类进化之后的结果。孩子在儿童时期本来就是这样的。记住，他们只是为了生存！

请不要忽略孩子们发出的各种信号，也不要给孩子贴上“淘气”的标签：“我的孩子正在经历可怕的两岁。”“我的孩子是个‘戏精’。”这样是不正确的。我们要记得，在这个年龄段，孩子的大脑还处在发育阶段，不具备像成年人一样的理性思维能力。

让人欣慰的是，我们可以帮助蜥蜴和狒狒获得它们需要的安全感，帮助它们健康成长。这样，我们也可以避免日后孩子的一些极端行为。

我们可以怎么做呢？

接下来，让我为大家介绍“思考脑”。在本书里，我会把它叫作……

聪明的猫头鹰（思考脑）

这只聪明的猫头鹰代表我们更高阶的大脑——“思考脑”，也就是我们大脑的前额皮质。这是人类大脑中发育最完善的区域，也是人类区别于其他动物的特征之一。“思考脑”让我们拥有理性思维，拥有丰富的想象力和解决问题的能力。我把大脑的这个区域比作一只聪明的猫头鹰。它坐在“猴面包树”（我们的大脑）的树顶上，在郁郁葱葱的树叶中观察着一切。

这只聪明的猫头鹰负责控制我们复杂又精妙的思想。它可以理解抽象的概念，比如时间或者良知。它可以分析问题，讲述故事。它具有理性思维，也拥有创造力。它可以控制各种复杂的情感，也有逻辑推理能力。它善良又有同理心，还可以帮助我们生成新的想法，让我们天马行空地想象。

这只聪明的猫头鹰让我们可以用全局观来看问题。它坐在大树的最高处，可以看得更远。当一个陌生人出现在地平线，我们大脑中的蜥蜴和狒狒可能会如临大敌，开始上蹿下跳。我们立马开始判断是否应该主动战斗。但是这只猫头鹰却气定神闲地坐在高处，慢慢观察这个陌生人是敌是友。之后，它会从全局的角度来做出相应的反应。它让我们更冷静，也会调节蜥蜴和狒狒的一些原始行为。猫头鹰理解蜥蜴和狒狒，毕竟它们的行为都是为了生存。它知道什么时候需要从枝头飞下来，张开它温暖宽厚的翅膀，安抚受到惊吓的蜥蜴和狒狒；它也知道什么时候应该和蜥蜴、狒狒并肩作战，共同抵御外敌。

猫头鹰可以让我们明辨是非，做出符合道德标准的决策，同时也可以让我们与社会和谐共处。

作为成年人，我们头脑中的猫头鹰非常重要。它可以帮助我们进行自我情绪的调节与疏导，它让我们有自信能够在各种充满挑战的情境中做出正确的决定。

但是……重磅消息！

孩子的大脑里还没有这只聪明的猫头鹰！

完全没有……

孩子大脑里的动物更像是一只毛茸茸的猫头鹰宝宝。

这只猫头鹰宝宝暂时还不会飞。它的翅膀还没有羽翼丰满，所以它不能直接从树顶飞下来。它不能抱起蜥蜴和狒狒，温暖它们，给它们慰藉。尽管蜥蜴和狒狒需要它，可是现在的它没有快速安抚它们的能力。

这只猫头鹰宝宝需要时间成长。毕

竟，可爱的孩子才刚刚开始他们奇妙的人生旅程。在他们生命的头几年，他们的大脑有无数的技能需要掌握。他们的大脑每天都在高速发展，这也是一个需要时间的过程。

对于这个阶段的孩子，他们的大脑内存几乎都被一些生存问题所占据，所以，他们当然不会知道怎样才能和爸爸妈妈按时出门，怎样才能够优雅地在超市里哭闹一场。

年幼的孩子需要快速学会如何独立生存，如何在这“非洲大草原”上靠自己活下去。

作为父母，你要明白，对于这个年龄段的孩子，我们不应该要求他们懂事——因为孩子还做不到。他们不知道对错，也不了解什么是懂事。我们不能因为孩子的大脑还没有发育完全，就说他们淘气啊。

早期阶段的孩子是不能“容纳”大情感的。我们可以帮助孩子、引导孩子，让他们逐渐学会调节情绪。我们应当帮助他们的猫头鹰宝宝成长为一只美丽睿智的成年猫头鹰。

♥ ♥ ♥

育儿不易，我们都知道。当父母的，都有疲惫和担忧的时刻。也许我们大脑里那只聪明的猫头鹰还没来得及飞下来，蜥蜴和狒狒就已经开始跃跃欲试，采取行动了。从进化学的角度来看，当我们感到“不爽”的时候——当我们疲惫不堪或者备感压力的时候，狒狒更容易处在应战状态。

作为父母，了解我们的大脑结构及其工作机制是非常重要的。我们可以提升自我意识，让聪明的猫头鹰来支配我们的行为，而不是一遇到事情，就把主动权交给蜥蜴和狒狒。尤其是作为一个成年人，我们每天都焦头烂额：回复不完的邮件……给孩子擦不完的屁屁……每当你的孩子在家疯跑的时候，你大吼大叫，怀疑人生……

我来给大家举一个我自己的例子。

我的儿子威尔伯四岁那年开始上学，骄傲的老母亲给他买了全套的校服。其中，有一件白色带领子的短袖。

第一天，威尔伯穿好校服，高高兴兴地去上学了。但好景不长，第二天，他就不再配合了。他翻出来一件蓝色的短袖："我不要穿那件白色校服，我要穿这件。"但是这件蓝色短袖不是校服啊！于是，家庭战争爆发了。我开始使出浑身解数，说服威尔伯套上这件白色短袖，赶紧去上学。还有五分钟，就要迟到了。威尔伯还是满脸通红，眼泪像断线的珠子一样啪啪掉下来，在楼梯上磨磨蹭蹭。

学校九点就要关大门，而我还要赶地铁去参加单位的晨间编辑会。你大概对我的处境也感同身受吧。在那个时候，我的脑海里迅速闪过一个念头：我的儿子真是无理取闹。他被惯坏了。没办法，我只能使出父母的终极撒手锏："那好吧，我给你的班主任打电话说你不去上学了。"我的女儿全程目睹了这个过程。她站在我的身边，抓着自己的书包，也开始哭了。她担心自己会被连累，上学迟到。

漂亮。现在我得搞定两个哭泣的娃了！我感觉我的压力指数直冲云霄。我甚至觉得我的邻居们已经听到了动静，开始对我指指点点了。这些，都让情况变得更糟。最让我生气的是，我花了那么多钱给威尔伯买校服，可是他却不给面子。

就在这个时候，我突然醒悟了。

这样不对。我……被我脑子里的狒狒控制了。尽管威尔伯已经可怜巴巴、非常郁闷了，可是我也很愤怒，我逼他做了他不想做的事。在那一刻，我把所有的儿童心理咨询知识统统还给老师了。我自认为我儿子在无理取闹。我败给了自己的情绪，败给了压力。

于是，我换了一个方式来解决问题。

首先，先不管今天会不会迟到。我坐在威尔伯的身边，用一只手搂住他。一只聪明的大猫头鹰对她的猫头鹰宝宝说："威尔伯，你为什么不喜欢这件白色校服呢？"

我四岁的儿子泪眼婆娑，抽抽噎噎地看着我。

"我们昨天上体育课了。我想把这件衣服脱下来，可是它太紧了，直接卡在我的头上脱不下来，卡得我不能呼吸了。"

我可怜的小男孩。

面对压力，我的狒狒直接进入了防御状态。我根本没有考虑到威尔伯是不是也有他自己的原因。后退一步，我才唤醒了大脑中的聪明猫头鹰。我开始理解威尔伯。他那么小，才来到这个世界上没几年，我明白他之所以这么做，是因为不舒服。我也开始思考这一切到底是为什么。当孩子感到害怕的时候，大脑中的蜥蜴就会收到信号。这时的孩子很容易进入“战斗—逃跑—原地不动”的模式，这更不利于孩子清晰地向父母表达自己的需求。但是，威尔伯的哭闹让我感到他一定是有话想说。

孩子的一切行为皆有原因。

你完全可以帮助他们。

在这本书里，你可以成为一个家长版的夏洛克·福尔摩斯。通过学习儿童大脑结构及工作机制，你可以拨开层层迷雾，帮助孩子表达自己的感受，从而避免孩子直接做出蜥蜴和狒狒的行为。

回到本章开头我提到过的：与其思考我的孩子到底有什么毛病，不如想一想到底有什么事在困扰着他们，而我们怎样做才能帮助孩子呢？

难怪威尔伯不想穿白色短袖校服，因为这件衣服有让他窒息的风险啊。当他被这件衣服卡住头、无法呼吸的时候，他大脑中的蜥蜴一定压力爆棚。同时，狒狒记忆库也一定把这件事重重地记下——白色短袖校服，不要。我跟威尔伯之间的这场较量差点葬送了我们的亲子关系，我也差点亲手毁了孩子对我的信任。他的大脑没有聪明的猫头鹰，他不知道妈妈要赶地铁，也不知道妈妈着急开会，他更不理解为什么妈妈非要逼自己穿上讨厌的白色校服。当孩子感到不安的时候，他们无法用语言来表达自己的感受。威尔伯拒绝穿白色校服，但他无法慢慢地跟妈妈把原因说清楚。当我们了解到孩子行为背后真正的原因时，我们可以帮他一起解决问题，而不是跟他较劲。

我们使用自己的理性思维可以帮助孩子学会调节情绪。温暖的拥抱，温柔的触摸，体贴入微的关怀，可以让孩子感受到我们不仅照顾他们的身体，也照顾他们的情绪。当我们以身作则、冷静地处理问题时，我们就获得了孩子的信任。孩子不会担心向我们展露自己的大情感。蜥蜴和狒狒会建立正向的“回馈机制”。以后遇到问题时，孩子也更愿意向我们寻求帮助。

现在，你已经了解了孩子的大脑发育机制——蜥蜴、狒狒和聪明的猫头鹰。那么我们再看看本章开头一些父母的抱怨吧。

“她正在经历‘可怕的两岁’！”

狒狒：“我现在正处于发育的关键阶段。我在学着独立，可是你总是不让。”

“我的孩子特别黏人。”

蜥蜴和狒狒：“我们只是很害怕！”

“我的女儿不爱分享。”

“我只是一只小狒狒。如果有人拿走我的食物，我会觉得我的生存受到威胁了。所以，我现在不想分享。”

“我的儿子爱咬人。”

“我的脑子里有一只受到惊吓的蜥蜴。狒狒控制着我的身体……我不知道还有什么办法可以跟你交流……”

“我的双胞胎孩子总是坐不住。”

“我们是狒狒啊。我们的天性就是好动，我们需要玩耍，需要‘放电’。”

“为什么我们总是没法按时出门?！”

蜥蜴和狒狒互相看着彼此：“时间是什么？什么叫按时？”

“我的女儿特别爱发脾气。她总是打她妹妹。”

“我是一只狒狒，我一般都是先行动后思考的。我不知道怎么处理矛盾和恐惧这样的大情感。”

“他们为什么就是不听话？”

“我们是狒狒……我们的猫头鹰还没有长大。”

可是有很多爱管闲事的“好心人”总是会给我们出谋划策，他们会说：“你如果现在惯着他，他肯定会被惯坏。”“你要告诉孩子什么该做，什么不该做。”“你让他别哭了。”……

我只是一个小孩。我的行为都是由蜥蜴和狒狒控制的。我只是想生存。我没想操控大人！

为人父母，我们首先应该倾听自己大脑中猫头鹰的声音。这样我们才能够及时反思，做出正确的决策，给予孩子正向的反馈。

猫头鹰智慧锦囊

- 孩子的大脑发育程度不同，所以孩子的思维模式和我们的不一样。

- 我们可以把我们的大脑想象成一棵猴面包树。树干联结着我们的身体和大脑，帮助我们传递信息。
- 从下到上，这棵树上坐着一只蜥蜴、一只狒狒，还有一只聪明的猫头鹰（我本书中的比喻）。这些动物分别负责控制我们行为的不同方面。
- 作为家长，我们有义务并且有能力帮助孩子的大脑健康发育。
- 我们可以通过孩子的眼睛来看世界，来感知世界。
- 我们首先需要通过自己的猫头鹰来调节自己的情绪，然后教孩子学会管理他的情绪。

你已经明白了孩子的大脑到底是怎么工作的。接下来，我要告诉你孩子身体的工作机制。因为孩子的大脑发育还不完善，没有聪明的猫头鹰帮助他们调节情绪，所以，在遇到压力的时候，他们往往变得歇斯底里，而身体也会参与到这个过程中。学会了蜥蜴－狒狒－聪明的猫头鹰育儿法，相信你可以帮助孩子改变他们的人生，从而改变你自己的人生。

2

为什么大脑里的事也会影响身体？

压力可以留在身体里。

——娜丁·伯克·哈里斯博士（美国儿科医生、加利福尼亚州卫生局局长）

深夜，我独自一人在家。突然，我听到窗户上有啪啪的声音。我毛骨悚然，后背发凉。我想外面可能有什么东西，我的大脑开始飞速运转，肾上腺素飙升，我攥紧了拳头。

此时此刻，我的身体出现了应激反应。我大脑中的蜥蜴和狒狒参与了这场全身性的反应。

我可以想象得到，我大脑中的蜥蜴一定在猴面包树下瑟瑟发抖，十分害怕。与此同时，我的狒狒已经跳了起来，开始行动。本来我深夜独自在家，狒狒就已经提高了警惕。现在我可以想象，它已经穿过丛丛枝叶，开始发出警报。它按下了猴面包树树干上的一个大大的红色按钮。现实生活中，这个按钮就是我们大脑中的杏仁核。

大脑的奥秘

人体有一个非常重要的警报系统叫杏仁核。杏仁核负责帮助我们分析各类事件的情感意义。如果杏仁核感知到了潜在的威胁，它会激活一个叫下丘脑的大脑区域。这部分的大脑负责释放应激激素，这些激素可以让我们随时准备“战斗—逃跑”。

——玛格特·桑德兰博士（心理治疗师、《育儿的科学》作者）

我们的大脑参与了压力的应激反应。同时，我们的身体也参与了这个过程。当我们进入“战斗—逃跑”模式时，我们的身体也可以感知到。我们的身体会分泌肾上腺素和皮质醇这两种应激激素，帮助我们的身体做好准备。比如，我们可能会觉得胃部有恶心的感觉，喉咙发紧、头脑空白。在录制真人秀节目《舞动奇迹》的时候，我发现我还有脚心出汗这个身体症状。

这种应激反应本身是件好事，它是为了保障人类的生存。

正是因为应激反应，我们才可以躲开一辆横冲直撞的车，或者逃出一座着火的大楼。应激反应让我们可以在截止日期前完成工作，让我们坚持完成一场工作面试，或者让我们克服怯场，完成公开演讲。它可以让我们振作精神，为十个人做饭；可以让我们跑完漫长的马拉松比赛；也可以让我们走出家门，赴第一次约会。

短期的压力对我们是有利的，这是人类生来就有的能力。压力让我们可以更好地专注于挑战，让我们的大脑和身体做好准备，并肩作战。

大脑的奥秘

我们总觉得压力是负面的东西，其实不然，压力是我们做事情的动力。压力可以让我们专注地工作，让我们记得交通路线，让我们学会一种新技能，甚至让我们坠入爱河。当我们的心理系统受到刺激（正向刺激和负面刺激）时，我们会感受到压力。如果压力可以得到释放，那么它是良性的。如果你不是一个人处理压力，或者你知道自己并非孤立无援，那么长期的压力其实也不是一件坏事。

——苏珊娜·泽德克博士（婴幼儿心理学家）

在受到外界刺激时，我们的身体会出现全身的症状。这个时候，聪明的猫头鹰就会从树顶飞下来，安慰受惊的蜥蜴和狒狒，同时关掉轰鸣的警报。它会用它的喙轻轻啄一啄红色按钮旁边的绿色按钮。绿色按钮，你可以理解为我们人体的“喷水系统”。现实生活中，我们的身体会释放出大量抗焦虑物质，帮助我们的身体灭火。

我们的“思考脑”——聪明的猫头鹰负责安抚我们紧张的身体，帮助身体重新回归平衡。虚惊一场后，我们会给自己泡一杯热茶；疲惫工作一天后，我们会出去跑个步；听到坏消息后，我们会拿起电话联系朋友；与一场车祸擦身而过后，我们会拥抱自己的伴侣。我们需要他们的陪伴，帮助我们一起经历好与坏。

你可能也有其他应对压力的方式。比如，抽一支烟，喝一杯酒，吃一块美味的蛋糕，或者在网上放肆购物，这些都没有问题！这是因为在童年时期，我们没有学到一些积极的压力应对方式。所以，我们会用一些不太健康的方式来缓解压力。在本书的后半部分，我会教给大家如何提高聪明的猫头鹰的能力。这对于我们育儿育己都是很有帮助的！

我们只有先调节好自己的情绪，才能帮助孩子调节他们的情绪。

父母应当帮助孩子培养健康的压力应对机制，因为你的孩子是不是淘气，跟他面对压力时的处理方式密切相关。

在这本书里，我会跟大家分享一些实用的、健康的压力应对方法。遇到问题的时候，你可以用这些方法让自己或者孩子平静下来。

我们还可以学会感知自己的情绪，意识到自己头脑中的大情感。上述的机制我们称之为“情绪调节”。我也会在后面的章节详细讲解。

现在我们一起来分析一下本章开头的“独自在家”的场景吧。

遇到潜在的威胁，我大脑里的蜥蜴开始翻跟头，跃跃欲试。而猴面包树树顶的猫头鹰洞察了一切：这些声响不过是花园里的一只狐狸弄出来的。狐狸不小心撞到了垃圾桶，现在开始翻找食物了。聪明的猫头鹰从树枝上飞下来了，它用温暖的翅膀拥抱着蜥蜴和狒狒，安抚着它们。它衷心地表扬了这两个忠诚的小卫士。感谢它们保持机警，忠于职守。现在一切都很好，可以放轻松了。猫头鹰安抚人心的话语启动了大脑里的“喷水系统”，于是我的身心都放松下来。真是多亏了这只聪明的猫头鹰，现在我可以泡杯热茶，回到床上继续读书了。要不然，我大概就会穿着睡衣大喊大叫地逃出家门了。

但是，如果是孩子呢？当他们独自一人，感到害怕的时候呢？他们只是一只毛茸茸的猫头鹰宝宝。

他们还有你。

如果是你初到这个星球，你也会感到害怕吧？

所以，在孩子的世界里，很多事情都会让他们感受到压力：第一次听到搅拌机的嗡嗡声，被一只狂吠的狗追着，饥饿或者寒冷……这些压力都会让孩子感受到生存威胁。对于蜥蜴和狒狒来说，这些就是威胁。

摔倒、划伤膝盖、抽血、更换监护人……这些日常的事件都可能引发孩子全脑，甚至全身的应激反应。

而他们大脑里的猫头鹰还未长大。于是，儿童格外需要父母的照料和安抚，以保持身心的平衡。

哭泣时，父母温暖的抚触、安抚的话语、深情的拥抱可以让孩子瞬间感到安全。这时，他们的身体和大脑都会迅速恢复平衡的状态。

但是，当压力大到孩子无法承受时，或者是因为父母没有及时安抚，孩子连续不断地处于应激反应中，这种压力和应激是有害的。

这些应激激素可以一直“滞留”在我们的身体中（就像一潭死水一样）。这样一来，我们的身体将会长期处在一种有害的环境中。无论对于孩子还是家长，都是百害而无一利的。

大脑的奥秘

长期处于压力之下并且没有外部援助，压力会变得有害。为了适应压力，身体会出现一些变化。这些都是不健康的。这些有害的压力对孩子的影响更深，因为心理问题会影响孩子的发育。换言之，孩子在童年时期的那些有害的经历在他们成年之后依然有着负面的影响。因此，在应对压力时，亲人尤为重要。只要有人支持和帮助他们，再艰难的挑战、再大的压力都不是事。

——苏珊娜·泽德克博士（婴幼儿心理学家）

既然孩子的大脑处于发育阶段，那么持续未解决的恐惧和压力就会对他们造成终身的影响。父母朋友们应当对这些慢性并且有害的压力保持警惕。也许我们不会记得我们童年经历的每件事情，但是孩童时期的压力会在我们的身体里生根发芽，影响我们的大脑发育。

作为父母，我们需要了解压力的工作机制及其对儿童行为的影响。有了这些知识，我们可以更从容地养育孩子。我们还可以了解孩子的内心世界，快速解读孩子各种行为所传达的信号。

本章的重点就是，发生在孩子大脑里的事不只留在大脑里，还会深深地在孩子的身体里留下印记。

孩子的身体会出现应激反应，而情绪会在身体（和大脑）里得到放大。当我们了解这些知识后，在各种场景下，孩子出现各种肢体反应的时候，我们看到的就不只是孩子很淘气了。

比如，跺脚、大喊大叫、哭号、扭来扭去、满地打滚儿、逃跑、打架……

嗯，还有战斗或者逃跑……孩子还小，大脑里没有聪明的猫头鹰，你说我们能指望他们懂事吗？当孩子感受到压力时，他们小小的身体里充满各种应激激素，又无处发泄，你说我们能指望他们听话吗？

我们的孩子是真的淘气，还是只是通过自己的方式来释放这些压力？年幼的他们只会用这种方式来发泄啊。

了解了孩子的应激反应机制，现在你明白为什么我说"你的孩子并不淘气"了吧？

孩子在紧张、害怕时，他们大脑里的蜥蜴和狒狒已经开始瑟瑟发抖、满地打滚儿了。他们没有一只成熟、聪明的猫头鹰来安抚他们，释放一些天然的、缓和压力的激素，他们怎么能做到听话呢？

本章的开头，我引用了娜丁·伯克·哈里斯博士的一句话，用在这里非常合适："压力可以留在身体里。"

解法也有：我们可以帮助他们释放压力。

我们可以言传身教，教会孩子如何管理情绪，这样，他们的猫头鹰宝宝就会成长为聪明的猫头鹰啦。作为家长，我们的目标是帮助孩子学会情绪调节。生活不总是一帆风顺的，孩子需要学会调节自己的情绪。生活总是起起伏伏，我们会经历苦难、挫折、伤痛以及逆境。

我们都希望孩子可以被生活温柔相待，但是有时候事情并不能如我们所愿。

不过，我们可以充当孩子的“缓冲垫”，让他们获得安全感，让他们发泄自己的情感和压力。大量的科学研究表明，只要父母为孩子提供爱与支持，孩子就有能力面对最艰巨的困难和挑战。

现在，当我们看到很多孩子淘气的情景时，就会理解其实他们不是真的淘气，他们只是需要父母的帮助。

本章中，我们认识到孩子的应激反应是全身性的。他们的大脑也没有聪明的猫头鹰帮他们去“灭火”。所以，他们对待压力的反应可能很大很大。有的时候，我们觉得他们就像一颗随时会爆炸的炸弹。玛格特·桑德兰博士在她的著作《育儿的科学》一书中写道：“当儿童大脑中的低级区域受到压力刺激时，警报系统将会被激活。此时，如果没有成年人的安抚和帮助，孩子则会经历巨大的情感痛苦和强烈的身体反应。因为警报系统激活后，他们身体内会迅速分泌神经化学物质和激素，从而对孩子的身体和心理产生巨大的影响，让他们变得‘一点就炸’。”

家长朋友们，我们可能会把上述行为称为“无理取闹”。然而，我们要学习如何从容应对孩子的这些行为。

猫头鹰智慧锦囊

- 当我们感受到威胁的时候，我们的身体也会有相应的反应。
- 我们对压力的反应既包括大脑反应，也包括全身反应。了解孩子的全身反应之后，我们应当更好地帮助孩子，而不是简单地说孩子淘气。
- 人类的应激反应机制，可以帮助我们更好地生存。但是，如果长期处于应激状态，我们的健康将会受到影响。儿童对于这些影响会更加敏感。应激状态产生的负面影响可能会持续到孩子成年之后。
- 父母可以帮助应激状态下的孩子重新回到平衡。
- 父母可以帮助孩子学习如何调节大情感。这不仅有利于孩子的发育，也有利于我们自身。

相信这些知识会帮助我们更轻松地做父母，逐渐踏上一段奇妙的旅程：通过引导和帮助孩子，让他们不再轻易地无理取闹、不再淘气。孩子的大脑与外界的联系会变得更加健康，他们也会更加信任我们，跟我们更亲密。

PART II

PARENTING

THE LIZARD, THE BABOON AND THE WISE OWL® WAY

第二部分

你的孩子并不淘气

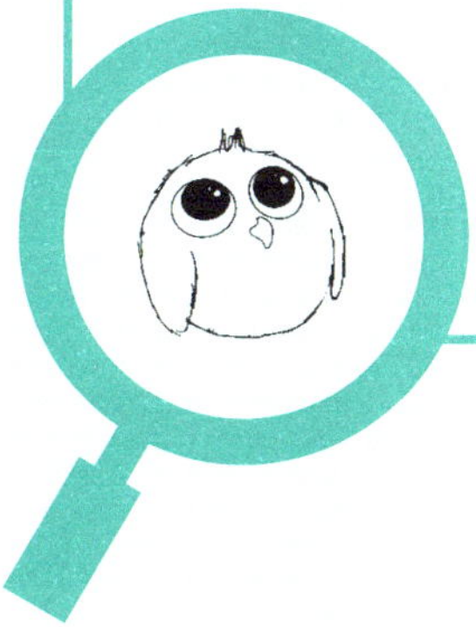

现在，我们已经了解了孩子的大脑结构，知道了人类大脑里住着蜥蜴、狒狒和聪明的猫头鹰，也知道孩子对于压力的应激反应是全身性的。接下来，我们来看一看孩子是如何表达自己的内在情感的。孩子的行为是受情绪驱动的，我们可以帮助孩子学会合理表达自己的情感。

最重要的是，我希望你们知道：

你的孩子并不淘气，他只是在表达自己的需求。

那首先，我们来看一看全天下父母最头痛的难题——为什么孩子总是发脾气？

3

为什么孩子总是发脾气？

当孩子面对大情绪时，父母应当帮助他们平静，
而不是跟他们一起崩溃。

——L.R. 诺斯特（作家、儿童活动家）

“野外托儿所”的故事

我儿子威尔伯三岁半那年，我送他去了家附近的一个“野外托儿所”。这个托儿所建在森林里。每天，威尔伯都会穿着一件大大的红色连体滑雪服，在林间尽情玩耍。这件红色滑雪服既防水，又不怕弄脏。老师会带着孩子们一起搭窝取火，一起享受大自然的美好。

到了放学时间，我会跟其他家长一起挤在托儿所的大门口，等着孩子。

托儿所的大门面对着森林。我翘首盼望，努力辨认哪个穿连体服的孩子是威尔伯。威尔伯每次看到我，总会朝我飞奔过来。他的红色滑雪服上满是泥点子，完全看不出是件红色的衣服。他有时候会挥舞着一根树枝，有时候会捧着一个装满树叶的果酱罐子，有时候也可能拿着一只蜈蚣或者其他有趣的小玩意儿。而我每次也会带东西给他：一个苹果、一个橘子，或者一根香蕉。这也是我们母子之间的一个小仪式吧。

有一天，威尔伯还是像往常一样跑向我。但是，我感觉到他脸上的神色有点不对劲。不过，我还是像以往一样，张开双臂，笑着迎接威尔伯。这次我带的水果是一个苹果。然而，威尔伯没有跑过来抱我，他的小脸皱成一团，愤怒地冲我吼道：

“你说你这次要给我带橘子的！我要吃橘子！”

然后，他就躺在了地上，开始扒拉地上的泥土。天哪！我的脸开始发红……我的儿子居然在所有家长面前让我难堪！我大脑里的蜥蜴和狒狒开始抓狂了。

我的第一反应是应战。我想跟威尔伯正面交锋，批评他。他真的是被惯坏了。我也可以不管他是不是拳打脚踢、大喊大叫，直接把威尔伯拖到车上，强行让他坐进安全座椅，之后一路冷战到家。但是一个愤怒的妈妈在公共场合吼孩子，也不大好吧。

然后，我的蜥蜴和狒狒又想到了一个方案：逃跑！我可以不管威尔伯到底为什么发脾气，直接带他离开这儿。但这是逃避，并没有真正解决问题。而且，威尔伯现在还躺在泥泞的地上，根本没有爬起来的意思。把他拖走，好像也不大好。

还有别的办法吗？我的蜥蜴给了我最后一个解法：原地不动！

哈！我可以不管他啊，他闹够了自然就不闹了。

不过，威尔伯看起来好像还没有闹够。这个时候不作为……真的就是零作为。

其他孩子都从校门里走出来，开开心心地被他们的家长接走了。我感觉有很多双眼睛在看着我。我猜这里面有一半人在想：天哪！真是惯坏了！而另外一半则长吁一口气：呼，幸好不是我家孩子。

你是不是觉得这个场景很熟悉呢？有一句话说得好：65% 的家长承认自己的孩子至少有过一次无理取闹的经历，而另外 35% 的家长，只是没告诉你真相！在孩子小的时候，我们都经历过这样的尴尬场景：孩子在公共场合大哭大闹。我们的大脑可能会进入“战斗—逃跑—原地不动—昏厥”的状态。同时，我们也会自我怀疑：

为什么别的孩子就不闹呢？

我是不是一个糟糕的家长呢？

我们也可能想得更糟……

我的孩子是不是有什么毛病？

读到这里，我相信你已经知道了答案：不！不是的！

请记得：五岁以下的孩子没有一个是淘气的！

你的孩子没有毛病，你也没有毛病。

大脑的奥秘

当孩子感到无法处理和消化巨大的情绪波动时，他们会闹情绪或者哭闹。这可能有很多原因。

但归根结底还是因为他们没有办法表达自己的情感，尤其是当他们被巨大的、不可控的、未知的情感淹没的时候。这些情感可能是灰心沮丧，可能是渴望独立，可能是对于新事物的恐惧，可能是嫉妒，也可能是愤怒……大哭大闹是他们唯一表达自己和发泄情绪的方式。有些孩子还希望通过大哭大闹的方式让家长“看到”自己，获取他们需要的注意力。尽管在我们看来，孩子哭闹的原因可能都是鸡毛蒜皮的小事，可是对于孩子来说，这些情感都是既真实又重要的。随着孩子的成长，父母可以教会孩子如何更合理地表达情绪。但是，这是一个渐进的过程——孩子会慢慢学会自我表达。而在生命初期，哭闹是他们表达情感的唯一方式。

——卡米拉·洛桑博士

（安娜·弗洛伊德儿童与家庭国家中心早期服务部主任）

生活中，孩子面对内心的大情感往往会手足无措、大哭大闹。这可能是因为他累了；可能是因为他在操场玩得太开心，一时还不想回家；可能是他心爱的玩具被姐姐弄坏了，而你却没有及时批评姐姐；可能是他感到无聊；可能是他的大脑很兴奋，但是他却没有能力处理自己的情绪。

我前面提到过：当五岁以下的儿童感到威胁、恐惧或者委屈的时候，他们的大脑会回到最原始、最本能的状态，他们会出现应激反应。导致应激反应的事件可能是微不足道的，但他们大脑里还没有聪明的猫头鹰，所以在这些场景下，他们的大脑是由蜥蜴和狒狒来控制的。

♥ ♥ ♥

让我们重新来看看"野外托儿所"事件。一只小狒狒，穿着他的红色滑雪服，身上满是泥点，正在泥巴里满地打滚儿。我后退一步，努力看清整个事件。这也给了我大脑中的猫头鹰足够的反应时间。

等等。我来接他的时候，威尔伯一直都很开心。他早晨的时候状态还不错，可是现在他心情变糟了。他发脾气会不会并不是因为想要橘子呢？

突然，我的大脑像被一道闪电击中……

威尔伯并不是生我的气，肯定是发生了什么事情！

当我停下来、后退一步的时候，聪明的猫头鹰开始掌控我的大脑。我学会了从威尔伯的角度来看问题。那一瞬间，我不再觉得郁闷、尴尬，或者愤怒了。我对威尔伯充满了同情。

“发脾气”背后的科学

孩子刚出生时就像一张白纸。每一天，每一次经历，对他们而言都是新的学习过程。孩子的大脑还没有发育完全，他们只会理解当下发生的事情。所以当他们遇到潜在威胁或者感到委屈时，他们大脑里的狒狒就会跳出来操控大脑。当爸爸妈妈不在身边时，孩子的不安全感会加剧。然而，当代社会的父母大多比较忙碌，所以这种现象也越来越常见。这意味着孩子很多时候需要独自一人来面对新事物。

孩子感到的威胁和压力，可能在成年人眼中并不是什么大事。然而，对于大脑仍处于发育阶段的孩子来说，很多看似不起眼的事件都可能是一种威胁。比如，玩耍时，另一个孩子挥舞着拳头冲他跑来，他就会产生应激反应，出现一系列的身体反应。

孩子不像成年人，他们的大脑还没有完全建立“战斗—逃跑—原地不动—昏厥”这样的机制。那么他们会怎样应对压力呢？孩子可能并不敢直接找老师寻求帮助，他们甚至说不清楚自己的感受。因此，他们很可能会把委屈咽下去，或者压抑自己的情感。然后，你猜怎么着？就像第二章里讲到的：压力不仅仅只是一种感受，它还会一直留在身体里。它会让我们的身体释放应激激素，在我们的血管里迅速扩散。你可以想象一下，一个不到五岁的孩子如何承受这些压力？

想象一下我们经历过的各种压力，可能是克服公开演讲的怯场，可能是参加一场工作面试，也可能是第一次做一件困难的事情。像孩子一样，我们也会产生身体反应，可能会食欲减退、感觉反胃，也可能会感到大脑迟钝、胸闷气短或者头晕目眩。我们遇到这样累积的压力会怎么做呢？我们可能会出去跑个步，去健身房里运动流汗，或者做一些其他能让我们排解压力的事情。

那孩子能怎么做呢？孩子不懂如何正确地应对压力。至少，他们需要足够的安全感来学会处理压力……

然而，他们什么时候才能有足够的安全感呢？他们从哪里获得足够的安全感呢？

是的！当你来接孩子的时候。

当孩子看到你的时候，你就是他们的避风港，你是他们全世界最信任的人。

可是，我们却觉得他们淘气。之后我们会怎么做呢？

我们惩罚孩子。

恰恰是在他们最需要我们的时候。

重新看威尔伯，他还在泥巴里打滚儿呢。你看到了什么？

一个淘气的小男孩，只是因为一个橘子就乱发脾气？一个被惯坏了的小男孩，还是一个需要妈妈安慰的孩子？一个身心都被吓坏了的孩子？一个“报警系统”已经打开了的孩子？相信我，他肯定不是因为一个橘子才会这样。

我承认，我还是很害怕我的孩子在公共场合突然这样大哭大闹。可是，现在我的大脑是由聪明的猫头鹰控制的。我突然感受到了久违的自信，我知道自己该怎么做了。

我走近威尔伯，蹲下来，用比平时略高一点儿的音量对他喊道：

“哦！”（我表现出恍然大悟的样子——我可真笨！）

我的语气很夸张，足以打断威尔伯的哭声。威尔伯抬头看看我。

“哦！妈妈可真笨！你要吃橘子？！”我一边说，一边表现得好像我刚想起来这件事一样。

在这种情况下，我们说的话越少越好：威尔伯的大脑是由狒狒控制的。所以我必须主动打断他，并且跟他建立联结。通过重复他提到的橘子，我看到威尔伯有了反应。

啊！妈妈终于明白我的意思了！

他大脑里的狒狒暂时停了下来。“橘子”这个词在此时此刻对威尔伯而言很重要。于是，我通过重复这个词成功地跟他建立了联结。不管他到底是为什么而苦恼，当下我需要迅速跟他建立联结。

我向他伸出手，问他要不要起来。让我惊喜的是：威尔伯停止了哭泣，从泥巴里站了起来。我真想给自己鞠个躬。真是个了不起的进步！我自己大脑里的蜥蜴也在上蹿下跳，可是当我拉住威尔伯的小手，我感到自己慢慢地平静了下来。于是，我们两个一起离开了人群。现在，威尔伯的全部注意力都在我身上。为了加强效果，我故意拿苹果碰了下自己的脑袋。

“笨妈妈。你看，威尔伯，这个苹果正在说‘妈妈可真笨’。”

威尔伯咯咯地笑了起来。

然后，我又拿苹果碰了下自己的脑袋。这次，我假装自己是“苹果”。我尖声尖气，生气地说：

“威尔伯要吃橘子！你干吗带我来呀？”

威尔伯开怀大笑。幽默就像一剂良药，缓和了我俩的关系，让我们都轻松下来。我们沿着小路回到托儿所的大门口，一路欢声笑语。我把苹果举到胸前，假装苹果会说话：“妈妈可真笨，家里明明有橘子。”“苹果”还问威尔伯愿不愿意去玩地上的树叶。于是，威尔伯开开心心地从我的手中拿走了苹果，咬了一大口。他拉着我，走到一堆落叶的旁边，对我说：“妈妈，玩！”

我可以明显感受到他的变化，我们之间的关系也变得更加亲密。我觉得这是一种深层次的联结。我三岁的儿子在这一刻意识到了：当他经历全世界最糟糕、最痛苦的事情时，妈妈是可以帮他分担痛苦的，而且妈妈也不会生他的气。

这一刻，我感到非常欣慰，沉浸在对威尔伯的爱意中。于是，我也蹲下身来，和他在泥巴地里一起嬉笑打闹。回头看，这对我来说也是一种很好的解压方式。还有什么方式比在落叶和泥巴里欢笑嬉戏更减压呢？

现在，我们来花点时间，重新来看看孩子发脾气这件事吧。

我三岁的孩子在公共场合大哭了一场，听起来是不是很耳熟？当孩子在公共场合哭闹的时候，我们大脑里的狒狒很可能会被激活。这是因为我们自己感到了潜在的威胁。在这个场景下，我们因为孩子在公共场合的行为而感到羞愧。我们担心别人认为我们是不合格的父母，于是我们感到羞愧。

问题是，当我们大脑里的蜥蜴和狒狒被激活之后，我们的身体也会产生应激反应，进入“战斗—逃跑—原地不动—昏厥”的模式。

然而，如果你可以控制住蜥蜴和狒狒，学会运用大脑里的猫头鹰，我们就可以更好地处理孩子的哭闹。我们可以变得更有爱心，更有同理心。在这些恼人的时刻，请你深呼吸，让聪明的猫头鹰来掌控大脑。这样，你大脑里的蜥蜴和狒狒就可以快速安静下来，你就可以冷静地，从另外一个视角来看问题——从孩子的视角来看问题。

试想一下，你在工作中遇到了一些不愉快的事情：可能你的老板在单位批评了你，也可能你的同事在背后议论你，说你的工作能力不行，你大概会先把这些负面情绪压下去，回家之后，你会跟父母、朋友或者伴侣倾诉你的负面情绪。

然而，如果他们非但不听你的倾诉，反而对你耸耸肩，忽略你的感受，或者直接说你小题大做，你会怎么想呢？这会不会影响你和他们的关系呢？

在孩子感到沮丧的时候，父母需要关注他们、倾听他们。做一个有同理心、善解人意的家长，不仅能防止孩子情绪崩溃，还能跟孩子建立更亲密的亲子关系。

而且，这样应对孩子的哭闹还有一个好处：及时地安抚，有利于孩子的大脑发育。当我们安抚孩子的情绪时，我们培养了孩子的自我调节能力。后面，我会详细来讲情绪调节的内容。

请意识到孩子其实并不淘气。

那么，威尔伯那天到底遇到了什么麻烦呢？我真的很想知道让他哭闹的真正原因。我们在落叶里嬉戏打闹了一会儿，感到彼此的压力都减轻了不少。于是，我们一起朝停车的方向走去。现在，我觉得我可以开口问问他了。

“宝贝，你今天情绪比较激动啊。你今天在托儿所都还好吗？”

威尔伯怔住了。他停下了脚步，看着我。“麦克斯推了我。”

“哦，威尔伯，怎么回事啊，宝贝？”

“他把我推到泥巴地里了。”

啊……原来如此，这才是刺激到威尔伯的真正原因。怪不得威尔伯出现了全身性的应激反应。

但是我觉得原因还不止这些。威尔伯盯着我，带着点埋怨对我说：“你去哪儿了？”

原来如此！我明白了。

我的儿子在托儿所遇到了困难，可是他没有办法独自解决这些问题。在那一刻，我理解了威尔伯的处境。他在托儿所跟其他孩子玩耍时出现了肢体冲撞，同时他还要做出相应的决策和判断，为自己舔舐伤口，并且压抑着情绪，等着妈妈来帮他。妈妈就是他的避风港，也是让他感到安全的聪明猫头鹰。妈妈可以从树上飞下来，拥抱他，告诉他一切都会好起来的。

恰巧那一天，我去接他的时候晚到了一会儿。我可以想象威尔伯是怎样翘首盼望自己的妈妈来接他。看着其他家长陆陆续续把他的同学们都接走了，他的妈妈却还是没有来。这一刻，他的情绪崩溃了……而我却不在他的身边！他的情绪像是一场大火，像托儿所里的篝火一样炙热。我知道了，这件事的责任在我，而不是威尔伯：我的大脑已经发育完全，我本来可以在几秒钟内就明白过来这些道理，而威尔伯只是一个小孩子，他的生命才刚刚开始。有的时候他会遇到一些困难的事情，有的时候他的亲人并不在身边。

“哦，我的孩子，这听起来真的很糟糕。麦克斯的行为是不对的。对不起，妈妈没有在你身边。”我停下脚步，蹲下来看着威尔伯。

“对不起，妈妈在你需要的时候没有在你身边，你一定非常不容易。”

其实，我也不知道那天托儿所到底发生了什么。可能是麦克斯玩得太兴奋了吧。毕竟，他也只是一个孩子，也有调皮的狒狒在支配他的大脑。发生了什么不重要，重要的是，作为家长我怎么处理这件事情。生活不可能总是一帆风顺。孩子需要通过社交来实现自我成长。在孩子初学社交的时候，父母需要告诉孩子当父母不在场时，孩子应当如何处理问题。

“好啦，宝贝，妈妈知道了。如果下次他们再玩得这么粗鲁，你可以自己去告诉老师吗？”

威尔伯看起来有点迟疑。“或者你可以跟那个孩子说‘停！我不喜欢这个游戏’。”

威尔伯点了点头。虽然他看起来还是不大确定，但是我也不想再继续这个话题了。我决定回头跟威尔伯的老师提一下这件事。这样，以后老师也可以帮助威尔伯正确地处理这些社交问题。

我们不能指望着孩子自己一个人能处理好这些复杂的社交问题。作为父母，我们可以言传身教，给孩子做出正确的示范，指导孩子如何化解矛盾、如何明确边界、如何表明自己的立场、如何说明哪些行为是不能接受的。我们需要告诉孩子如何对其他孩子说“不”，以及如何向老师寻求帮助。

我知道威尔伯一时很难消化这些知识，毕竟这些知识的信息量有点大。但是通过倾听与观察，我也教会了他一些重要的事情。比如，我告诉他如果有些事情让他不开心，他可以生气。当我们感觉委屈的时候，我们会出现愤怒的情绪。我并没有责怪威尔伯，这样，下一次当他再次遇到问题的时候，他可以来向我寻求帮助，而不是把脸埋在泥巴地里闹脾气。

威尔伯又哭了起来。很好，这也是一个很好的解压方式。最后，我们母子俩拥抱了对方。这时我们的身体会分泌一种“爱的激素”。当父母与子女、相爱的人们进行身体接触时，我们的大脑会分泌这种激素，让我们感受到爱。然后，我们站起身来，手拉着手，朝家走去。

你猜怎么着？威尔伯开开心心地吃了我带来的苹果。

好啦，现在就让我来正式为大家介绍“给父母的小贴士”里的第一个工具吧！

给父母的小贴士

Stop SN-O-T 翻转法

不管我们在公共场所还是在家里，当孩子发脾气的时候：

首先，我们要学会 **Stop（停下来）**！

深呼吸，告诉自己这不是孩子故意针对自己。孩子内心可没有那么“黑暗”！孩子不是淘气、控制欲强、固执、喜欢试探父母的底线……尽管有人会这样告诉你，但孩子可做不到这些。

所以，请铭记：

S' Not（不是你的问题）：这不是你的问题，也不是孩子故意针对你，而是孩子可能遇到了其他问题，触发了他的应激反应。

O —— OBSERVE（观察）：到底是怎么回事呢？

T —— TURN IT AROUND（换位思考）：从孩子的角度换位思考一下。

（要做到上述几个步骤，我们需要控制好自己大脑里躁动的狒狒，好好运用聪明的猫头鹰。）

STOP SN-O-T 法实操案例：当五岁以下的孩子不听话怎么办？

1. 孩子不愿意坐婴儿车

如果孩子不愿意坐婴儿车，还大发脾气，你会怎么做呢？

首先，我们要停下来（STOP）！

孩子不愿意坐婴儿车，我们应该意识到这不是孩子故意针对我们的。

你的孩子肯定不会这样想：*我就是不想坐婴儿车，我就是要拒绝爸爸妈妈，因为我就是想气他们。*

他肯定不会这样想的！

零到三岁孩子的大脑是由狒狒掌控的。狒狒在这个阶段开始对外界产生兴趣，并且不断地尝试独立。狒狒想：*我如果学会了直立行走和自由控制肌肉的话，我就能更好地生存。我需要快点了解这个世界如何运转。我需要快点学会怎么控制自己。所以，让我自己试试！*

那作为父母，我们应该怎么处理呢？

选项一

首先，我们可以停下来，让聪明的猫头鹰来掌控我们的大脑。我们可以评估一下目前的情况：*嗯，孩子如果自己走*

可以吗？

之后，观察（OBSERVE），观察当前的环境是否安全，你们是不是在安全的街道上。我们应该让孩子感受到被理解、被倾听。这是让孩子大脑里的狒狒安静下来的第一步。

“哦，梅西，我知道自己走路很有趣！你是不是想自己走呢？”

就像我跟威尔伯强调“橘子”这个词一样，这里我们需要强调“走”这个字。这样孩子们才会觉得，爸爸妈妈是理解我的。

如果需要加强效果，我们可以面带微笑，对孩子说：“我知道，你特别特别想自己走路！”

当知道孩子不是故意针对我们、不是故意挑战我们的权威时，我们可以放松一下，让自己面带微笑。这样，我们开始用聪明的猫头鹰来思考。原来，这不过是孩子大脑里的狒狒想要消耗自己过剩的精力，或者想要学习独立。我们可以从不同的视角看问题，做到双赢。

现在我们可以换位思考（TURN IT AROUND）。

我们需要学会如何与孩子交谈。想象我们在跟一只真正的小狒狒交流，我们需要保持冷静，语言尽量简洁，这样才可以避免孩子的情绪变得更加激动。我们可以蹲下来，来到跟孩子同样高度的位置，避免自己看起来咄咄逼人。居高临下可能会让狒狒产生更大的应激反应。然后，保持微笑，“爸爸/妈妈都懂！我知道宝宝走得特别好”！

好了，现在孩子的注意力一定已经在你身上了。孩子大脑里的小狒狒本来已经准备跟父母“开战”了，可是这时他放松下来了。这个时候，我们可以适时培养他的小猫头鹰。等孩子的情绪有所缓和时，你可以判断一下，这件事值得我跟孩子较劲吗？

你可能会觉得其实孩子自己走走也没什么。孩子可以因此获得自信，而且孩子通过消耗过剩的精力，晚上可能睡得更好。你可能会选择牵着孩子的手，一路跟他说说笑笑。我保证，当孩子感受到你的理解时，他一定会开心地跟你一起走。（就像威尔伯也很开心地吃了我带的苹果一样。）

接下来，你可以放松地享受亲子时光了。是，你们可能会多花一些时间在路上，但是这是你和你的小狒狒之间珍贵的亲子时光。你们会变得更亲密，更有爱。

或者……

选项二

你可能会想：*嗯，孩子自己走路固然很好，可是这条路上车来车往，很不安全，而且我们得快点回家！*

这次，我们可以学着明确边界。我们需要温柔地告诉小狒狒：“好啦，我听到你说的啦。可是我现在要给你画一条线了，因为现在不太安全。”明确边界不是说让你强行把孩子塞进婴儿车里，当然你可以这么做，不过你也没有真正“赢了”。这样做无异于火上浇油，让两个生气的狒狒针锋相对。

强迫孩子或者跟孩子“开战”并不利于亲子关系的发展。但是学会明确边界、学会利用幽默感可以增进亲子关系。

所以，我们还是使用 STOP SN-O-T 翻转法！

我们先停下来，让聪明的猫头鹰来帮助我们思考。

接下来，想一想，孩子并不是针对我们，也不是故意挑战我们的权威。

然后观察。

尽管我很想答应你，但是这实在是太危险了。你可以跟孩子这样说：

“好吧！但是这条路实在是太吵了（你还可以拿手捂住耳朵，发出一些奇怪的声音逗孩子笑）。而且你看，车好多……（你可以表现得笨笨的。）但是你到了安全的街道就可以自己走路，好吗？”

如果孩子还是很生气，你可以重复上面的话术。孩子的哭闹是一种白噪声，这个时候，你需要言简意赅：“好的，你可以自己走！但是我们得先离开这些臭臭的汽车！”

狒狒一定会听到关键词——可以。明确边界不是跟孩子对立，也不是想让孩子慌乱抓狂。相反，我们只是需要让孩子知道我们理解他：他可以自己走路，但是得等一下！

现在我们可以换位思考。

幽默风趣的语言可以减轻孩子的全身性应激反应，而明确边界则可以让孩子感到更安全。在这个案例中，明确边界代表家长应该告诉孩子什么能做，什么不能做。当然，家长需要耐心地跟孩子解释原因，并且告诉孩子这样做是保障他的人身安全。毕竟，狒狒的工作目标也是保障生存。不管孩子多么年幼，他们都能理解安全的重要性。

通过思考家长给出的解决思路，孩子也可以学会理性思考。我们也可以这样锻炼孩子的大脑，帮助孩子培养大脑里的小猫头鹰。未来，在遇到很多更严重的问题时，他们也能更好地做出抉择。在这个案例中，家长给出了不同的方案，同时也让孩子自己独立思考。于是，孩子大脑中猫头鹰负责的“寻找答案”的区域得到了激活和锻炼。这样做不仅有利于孩子的大脑发育，还可以快速地解决问题——孩子高高兴兴地坐进了婴儿车里，因为他知道走到这条街的尽头，就可以自己走路了。这是爸爸妈妈跟自己约定好的。

所以，我们要做有创意的家长，做能教孩子自己解决问题的家长。

不要觉得让孩子自己走路是妥协让步。听从孩子的心声，并不会让你变得“弱势”。

日常生活中，无论是商务洽谈、管理公司，还是解决家庭问题，共情和合作都是最优解法。著名作家玛格丽特·赫弗南曾采访过许多企业家。她如是说：“大量的研究证据表明，最好的领导力在于如何与别人合作。这不仅适用于商务场合，也适用于家庭生活。”

我再给大家举一个例子。

2. 孩子玩得开心，不想回家

读到这里，你大概已经知道第一步该怎么做了：

停下来（STOP），先冷静一下。

想想，孩子不是故意针对我们（SN-O-T）。

孩子不会这么想：*我故意要让爸爸日子不好过。我知道他需要马上回家，因为他有工作电话要打，或者他急着做晚饭。可是我偏要淘气，我就是故意不回家。*

孩子当然不会这么想了！

孩子的大脑是由狒狒当家做主的，你猜他真实的想法是什么？

我现在玩得特别开心！我只会活在当下。我不知道什么叫工作电话，我也不知道爸爸给我准备晚餐需要花多长时间。为什么我玩得正在兴头上，他却让我回家？

观察（OBSERVE）

*我的小男孩这会儿正玩得开心。我却非要打断他。*请学会从孩子的视角看问题，学会与孩子共情。他不是淘气，而是没有玩够。

“哦，奥利，对不起！我知道你现在玩得特别开心！”

你可以让自己的语调像唱歌一样夸张。

“爸爸都明白！跟你的好朋友们在公园里玩特别有意思，是吧？”

（你可以一直重复这句话，直到他的小狒狒冷静下来，竖起耳朵准备聆听。不用担心你这样夸张的演出在外人看来是不是很尴尬。你只要学会与孩子共情，孩子是可以认真听你说话的。）

“现在就回家是不容易，可是我们得走了。”

你看，你轻轻松松地跟孩子摆明了自己的态度。通过交流，孩子可以明白，你理解他：现在回家是有点扫兴，而且马上回家也不是很容易，但是他还是需要回家。

现实一点儿：可能到这一步，孩子还是不想回家。当他玩到兴头上，他的身体也会出现巨大的应激反应，就像他们遇到困难时一样。后面我会讲到，对于孩子来说，巨大的兴奋和喜悦也会是一种他无法处理的情感。所以，别担心孩子可能会哭。看到孩子因为不能继续玩耍那么伤心，请你多一点儿同理心。可能当你安慰他的时候，他会哭得更凶，请记得：哭是一种很好的排解压力的方式。

现在我们可以换位思考（TURN IT AROUND）。给孩子划出明确的边界：他可以再玩五分钟。这样做可以帮助孩子大脑里的狒狒冷静下来，你们甚至可以拉钩。

跟孩子沟通的时候，记得要蹲下来。站得太高可能会显得咄咄逼人。语气要温柔，不用在意旁人的眼光，因为不关他们什么事。相信我，这招很有用。我知道当你第一次在人前这样安抚孩子时，你会有一点儿尴尬。你也可能担心自己说错话。不用担心，尽量保证语言简洁，而且真诚。你需要让孩子知道你理解他们的苦恼，你愿意帮助他们。虽然你一开始没有搞清楚孩子哭闹的真实原因，失去了先机，但孩子可以感受到父母的真诚，也愿意相信真诚的你。

请不要把这件事看成是你为人父母路上的一块绊脚石，请把它看作一个难能可贵的机会。通过这个机会，你可以更了解你的孩子，跟孩子建立更亲密的亲子关系。我知道，作为成年人的你也会面临各种压力：回复数不清的工作邮件，为家人做晚饭，平衡我们本来就不够用的时间……没错，为人父母非常不容易。但是如果当我们学会停下来、关注孩子的时候，请记得保持冷静、富有同理心。因为我们与孩子的互动方式可以让他们的大脑更平静，孩子也会更配合我们，跟我们更亲密。

科学研究表明，积极的沟通方式可以让孩子的大脑与外界建立更积极的联结。当我们拥抱孩子，并且安慰他们“没关系，我都懂”的时候，我们自己也会获得幸福感。

在这个时刻，你会感受到奇迹的发生。

因为在这一刻，孩子亲身体会到了一种很重要的能力——共情力。共情力是指人类理解他人感情和思想的情感能力。通过共情，我们可以体会别人的感受，理解别人所经历的事情。孩子成长为一个（拥有聪明的猫头鹰头脑的）成年人，需要培养共情力。有共情力的人懂得关心他人，并且富有同情心。他们可以跟他人和谐相处。从广义上讲，共情力是构建和谐社会的基础。朱莉·汉密森曾在一所专门负责教育经历过心理创伤的孩子的学校任副校长，他说：“共情力不是一种通过学习来获得的技能。我们没办法教会他人如何共情，我们只能通过各种生活经历来体会什么是共情。”

当我们通过自己大脑中的猫头鹰与孩子交流时，孩子可以听到我们温柔的话语，感受到被安抚。这种感觉可以照亮孩子的大脑，让孩子变得更有共情力。通过这种经历，孩子感受到了与人共情的幸福，未来也会更愿意与别人共情。这样，我们的孩子会愿意主动分担别人的痛苦，同情别人的遭遇，更能理解他人的处境。在处理不同的问题时，我们可以设身处地从孩子的角度着想，为孩子示范如何共情，帮助他们大脑里的那只猫头鹰宝宝快速成长，成为一个情感上更成熟的聪明的猫头鹰，一个可以感受到他人痛苦，并且愿意给予帮助的人。

让我们再次回到公园：在这里，爸爸已经冷静多了。他注视着这个大哭大闹的小男孩，开始明白按时回家对于孩子来说不是一件容易事。现在，他可以对孩子这样说：

“宝宝，来，过来。爸爸知道了。没关系。”

好的，这个爸爸总算回到了正轨……

“来，你想抱抱吗？”或者他也可以这样问孩子。

“要不要来个飞机抱？”

在过去的经历中，孩子可能已经习惯了让自己大脑里的狒狒来支配自己。这种可怕的经历可能会让他们出现应激反应。可是，如果我们幽默处理，那么孩子就会像弧线球一样，拐弯回弹，重新回到正常的轨道上。当我们给孩子不同的解决方案时，我们也让他们大脑里的狒狒放松了下来。他的手慢慢从警报按钮上移开了……

嗯，飞机抱，听起来也挺有意思的！

如果孩子不喜欢飞机抱，你也可以问孩子其他问题，让他的猫头鹰开始思考。比如“你想不想在回家的路上跟我一起捡树叶呢？”。

你可能会感到惊讶：原来孩子这么快就会开心地同意！就像威尔伯不哭了一样，你的孩子也会停止哭泣。

好的，你成功了。就这样轻松地化解了孩子发脾气的问题，你是不是感觉很棒？这个办法很管用。第一次使用的时候，你可能有点忐忑。但是，久而久之，你会发现，你和孩子之间的关系更亲密了。哈佛儿童发展中心将这个过程叫作“照顾与反馈”。

通过这个过程，父母可以与孩子建立终生的亲密联结。

在孩子哭闹的时候，我们可以通过“照顾与反馈”这个模式来处理问题。我们不需要气急败坏地把满地打滚儿的孩子强行塞进婴儿车，我们也不需要觉得自己是糟糕的父母。

相反，正确处理，你会感受到胜利的喜悦，你会发现成为优秀的父母并不难。

以暴制暴不能解决问题。它只会让我们和孩子的亲子关系更加恶化。强迫孩子只会让孩子压抑自己内心的冲动，同时孩子也不会再尝试做自己想做的事，比如学着独立。以暴制暴，只会养出以暴制暴的孩子。难道你希望养出这样的孩子吗？

我的儿子在野外托儿所门口大哭大闹，产生了全身性的应激反应（有人直接管这种行为叫无理取闹）。这看起来可能有点吓人。然而，即便孩子们满地打滚儿，大哭大嚷，只要没有人身安全问题，我们都可以放心。我们只需要耐心地陪在他们身边，告诉他们你理解他们身体里的大情感。我们的安抚、我们的共情、我们的同情心会让他们的小狒狒放松按着警报按钮的手。这个时候，我们可以成为他们的聪明的猫头鹰，帮助他们重新回到平静的状态。我们可以用行动让他们的狒狒知道：我们不会离开他们，我们会保护他们的安全，我们会帮助他们……之后，你会惊喜地发现，孩子会跟你抱一抱，重新爬到我们的怀里。

家长的思考：
克莱尔，两个不到五岁孩子的母亲

当妈妈是一份超长待机的工作，真的很容易让人筋疲力尽。我经常跟别人聊天聊到一半就被孩子打断。孩子经常把我当成他的玩具爬架。我每次带孩子去公园玩，不是我生气，就是我把他们惹生气。可怜天下父母心，我也希望自己的孩子可以乖乖听话。可是作为一个单亲妈妈，我还不能像其他妈妈一样使出撒手锏“等你爸回来算账”！

面对孩子的坏脾气，我有的时候真是没招儿了。他比较强势，有时候会拒绝我的拥抱。他的拒绝让我感觉很痛苦。好，他拒绝我，我也拒绝他。现在，我才意识到其实我自己也是一只狒狒。

了解了这一点，我放松了很多，焦虑感也减轻了不少。我知道我也可以很幽默，我也可以成为一只聪明的猫头鹰。原来，我也可以逗我的儿子笑，就好像什么事情都没有发生一样！原来我们都可以原谅对方！

我相信，很多家长朋友都对克莱尔的处境感同身受。当孩子压抑委屈、大哭大闹的时候，他们会拒绝我们的帮助。面对这种情况，家长朋友们可能会感到无助，甚至害怕。你们可能感到被人拒绝的挫败，甚至觉得自己是不称职的父母。你看，这就是传统育儿最爱用的道德绑架套路。所以请记得：不仅你的孩子在这个时候内心经历了巨大的情感波动，你也一样。我们是成年人了，我们会控制自己的言行，而不是像孩子一样在公共场合大喊大叫。但其实，我们成年人的身体也会出现压力应激反应。

当父母和孩子都无法控制自己的情感时，转移注意力的方法就很好用。你可以通过幽默诙谐的语言或者搞笑的动作来转移孩子的注意力。孩子就是喜欢一些看起来傻乎乎的东西。你可以逗得他们哈哈大笑。比如，你可以模仿苹果跟孩子对话。你还可以跟孩子说："你看，那只狗狗在闻那个人的屁股呢。"（抱歉，这位先生，我拿你举了个例子。）孩子们一定会爱上你的幽默。你的这些童言童语可以帮助他们缓解压力，帮助小狒狒重回正轨，重获欢笑。孩子如果已经开怀大笑了，就代表他们已经不生气了。可能一开始你会经历一个不断试错的过程。但是，一旦你找到了套路，你会发现这个方法非常好用，你和你的孩子都会越来越好。

♥ ♥ ♥

"先搞清楚'为什么'，再去思考'怎么做'。"

请相信，这个办法会越用越好用。只要你肯花时间和精力与孩子建立亲密的亲子关系，你的孩子会越来越信任你。然后，你会惊喜地发现，孩子无理取闹的频率越来越低了。而且，使用 STOP SN-O-T 翻转法还有一个额外的好处。科学研究表明：通过不断的正向刺激，儿童大脑中的神经连接会快速发育，孩子无理取闹的次数会越来越少，频率也会越来越低。孩子会慢慢地意识到"爸爸妈妈可以帮助我处理自己的大情感"。他们大脑里的狒狒也会把这个概念存储在自己的记忆库里，形成一个良性循环！

相反，如果我们强迫孩子服从命令，孩子会失去对父母的信任。他们会变得更逆反，拒绝父母要求的事情，故意去做父母反对的事情，甚至悄悄在我们背后做一些叛逆的事情。当你帮助孩子大脑里的小狒狒时，你就是在帮助他们大脑里的猫头鹰宝宝成长。孩子可以通过你的帮助，获得理性思考的能力、控制冲动的能力、同理心以及抗挫力。这些童年经历会使孩子长大后更有韧性，他们的心理会更健康，情感会更平衡，面对挫折也会更有韧性。他们与你建立的亲密联结也会一直存在。

作为父母，我们可以选择跟孩子较劲，在心中筑上一堵墙；我们也可以选择理解他们，促进他们的大脑发育，让他们成为最好的自己。其实，面对孩子的各种情况，父母的处理方式是关键。正确的处理方式可以让孩子长大后更好地表达自己的情感。

猫头鹰智慧锦囊

- 当孩子哭闹的时候，他们的身体和大脑都在承受着巨大的压力。
- 哭闹只是孩子对于潜在威胁和压力的一种应对机制。
- 所以当孩子哭闹的时候，我们自己应该先化身为聪明的猫头鹰。我们的孩子并不淘气，他们只是正在经历全身性的应激反应而已。
- 请不要让自己大脑里的狒狒来支配自己，跟孩子较劲。相反，我们需要运用自己聪明的猫头鹰，把这件事当成一个机遇，帮助孩子培养大脑里的聪明的猫头鹰。
- 记得，你的孩子出现各种状况时，先不要急。在你的狒狒开始上蹿下跳之前，请记得用 STOP SN-O-T 翻转法！

- 这个方法可以帮助我们停下来，让我们意识到孩子并不是故意跟我们作对。之后，我们可以换位思考。
- 聪明的猫头鹰育儿法需要父母们充分理解孩子，学会与孩子共情。父母善解人意的共情，对于孩子未来的成长和社交都至关重要。

人类之所以会爱人，正是因为人类懂得如何换位思考。我们可以对别人的遭遇感同身受，也愿意减轻他人的伤痛与压力。在孩子独自承受压力时，请记得使用聪明的猫头鹰育儿法。请真诚地告诉孩子，我们关心他们。这很重要，因为我们可以通过这种方式教会孩子如何爱人。

4

为什么我们会变成失控的“狒狒”？

父母可以帮助孩子培养他们的情绪调节能力，

这是预防心理问题的一剂良药。

——伽柏·玛德博士（著名演说家、作家、心理学专家）

我们发现成年人也会有情绪失控的时候，我的一位外科医生朋友曾经跟我讲过一个故事：他的一个前同事出于愤怒，竟然直接拿手术刀对着另一个同事的喉咙比画。这就是一个非常典型的狒狒事件。

生活中有很多这样情绪失控的案例，比如我们可能会对孩子大吼大叫。当我们被大脑里的狒狒支配时，我们是没有使用自己的

情绪调节能力的。

你肯定也认识那么一两个爱发脾气的朋友。他们在压力之下，更容易直接“爆炸”。其实，每个人都有情绪失控的瞬间：当我们疲惫时，当我们面对压力时，当孩子不听话时，当孩子吵闹时，当我们感到没招儿时，我们都可能会变成失控的狒狒。

这个时候，我们可能会直接对着孩子大吼大叫。可是，这并不是最佳处理方式，对孩子也是不公平的。因为疲惫或者压力，会促使我们进入狒狒模式。这时的我们很可能会对事情做出过激的反应。当然一般也不会严重到像前面提到的那位医生一样（我希望不是）！但是你应该懂我的意思。成年人尚且如此，孩子当然也会有无法调节自己情绪的时刻。

作为成年人，我们的大脑里有聪明的猫头鹰。我们可以在这些时刻深吸一口气，后退一步，处理好自己内心的大情感。比如，我们会因为堆积如山的工作邮件感到不安，同理，孩子的情绪失控也一定有原因——可能是他们上了一天课，可能是他们累了，也可能是他们想释放自己过剩的精力。孩子并不是故意要情绪失控。在这种时候，我一般会先让自己平静下来。之后，我会提议给孩子读一本书，把工作邮件先放一放，哄睡了孩子之后，我再去处理那些堆积如山的邮件。

这就是情绪调节的艺术。在孩子出生的前五年里，情绪调节能力是父母能赋予孩子的最珍贵的礼物。但是，情绪到底是什么呢？

如果你也有这个疑问，那么我告诉你，这个问题问得很好。

情绪就是当我们在经历过具体事件之后，心中瞬间出现的但强大的情感。让我们一起看看《辞海》里对“情绪”这个词的定义吧：“情绪，从人对客观事物所持的态度产生的主观体验。”

情绪是人类进化的产物（一直都是）。情绪可以驱动人类对于所处环境做出各种各样的适应性行为。情绪可以保障人类的生存。没错，情绪是人类生存本能的产物。

孩子的情绪调节能力非常重要（对父母们也同样重要）。

如果我们教给孩子如何管理自己的情绪，那么他们可能会用合理的方式来表达自己内心的大情感，而不是用一些“无意识表现”的方式来宣泄情感。

我们首先需要了解有哪些主要情绪，以及这些情绪是如何影响我们和孩子的。只有了解了这些情绪，我们才可以更好地武装自己，更好地调节情绪。心理学家保尔·埃克曼博士和罗伯特·普拉切克博士曾将情绪分为主要情绪和次要情绪。在主要情绪的基础上，又将情绪细分为很多次要情绪，研究表明，人类可能有超过三万四千种情绪。不过，我不会详细跟大家介绍这么多情绪。读到这里，我相信你已经了解我的风格了，我喜欢把事情简单化。通常，心理学家和儿童发展专家们认为人类的核心情绪有（但不仅限于）以下几种：

人类的核心情绪	幸福	悲伤	恐惧
	愤怒	惊讶	厌恶

这些情绪是我们的主要情绪。从这些情绪中，又可以衍生出许许多多次要情绪。你可以看到孩子在拆礼物时兴奋又激动的表情——这种情绪叫幸福。同样，当孩子心爱的仓鼠死去时，你可以看到孩子脸上的悲伤。房间里的一声巨响会让孩子感到恐惧或者惊讶，而当孩子在托儿所辛辛苦苦搭建的乐高积木塔被别人推倒时，你可以在孩子的脸上看到愤怒。至于厌恶嘛，当你给孩子端上一盘妈妈的“黑暗料理”时，你可能会在他们的脸上看到这种表情。或者，孩子看到一些不好的行为（比如挖鼻孔）时也会露出这种表情。

我们也可以感受到各种各样的次要情绪，包括但不仅限于羞耻、嫉妒、失望、内疚、暴怒、丧失感等。这些情绪很多都是负面的，需要我们在育儿的过程中格外留心。当我们惩罚孩子坐“淘气凳”或者让孩子罚站时，孩子会感到羞耻。而羞耻是一种非常负面的情绪。我们可以利用羞耻感来约束孩子的行为。然而，孩子也会因此对自身产生负面印象，认为自己不够好。如果我们因为孩子爱生气而惩罚他，那么他长大后很可能会把愤怒和羞耻这两种情绪联系在一起。

再举个例子，如果父母们因为孩子在开心时得意忘形而责备孩子，那么孩子很可能会将幸福这种情绪与恐惧联系在一起。当他兴奋地在家里跑来跑去时，他遭到了父母的责备。那么未来，他在开心时也不会表现得那么兴奋。对于有兄弟姐妹的孩子，他们往往会因为恐惧而心生嫉妒：他们害怕爸爸妈妈爱自己的兄弟姐妹胜过爱自己。

普拉切克博士根据人类的主要情绪和次要情绪，研发了一种叫“情绪轮盘”的可视化工具，来帮助人们理解主要情绪和次要情绪的关系。我给大家举个更接地气的例子——

在电影《星球大战》中，尤达大师曾经这样解释过人类的情绪：“愤怒生于恐惧，怨恨生于愤怒，痛苦生于怨恨。”

在介绍情绪调节的方法之前，我还想强调一点。当我们坐在孩子身边玩手机的时候，我们通常觉得孩子并不会像成年人或者大孩子一样，产生相应的情绪。但事实正相反，孩子不但会产生相应的情绪，并且这些情绪通常都非常强烈。婴幼儿心理学家苏珊娜·泽德克博士在书中曾举过关于羞耻的例子：“羞耻感源于儿童与他人的互动经历。当孩子哭泣时，如果父母没能及时回应或者给予帮助，孩子会认为这个情况是不正常的。为什么爸爸妈妈不愿意帮助我呢？尽管父母们实属无心，但是孩子会认为自己不值得被帮助，从而感到羞耻。随之而来的，是大脑与身体对于羞耻这一情绪的双重认知。”

研究表明，如果孩子的情绪需求没有及时得到关注和反馈，他们的中枢神经系统会出现相应的问题。在著名的“冻脸”实验中，上述观点也可以得到印证。孩子玩耍时，如果父母突然停止与孩子互动，并且换上一张冷冰冰的“冻脸”，孩子会感到非常沮丧。

发展心理学家表示，在婴幼儿时期，孩子的大脑和中枢神经系统相对比较脆弱。被父母忽视的时候，孩子往往会感到不知所措，他们的神经系统还无法处理这种不知所措的困惑。所以，我们与孩子的亲子关系非常重要！

婴儿在被父母忽视的时候会怎样呢？他们会先尝试着咿咿呀呀地发声，之后挥舞手脚，试图唤起父母的注意。失败之后，他们会伤心地转过头，脸上露出失望的神色。之后，婴儿会开始伤心地哭泣。婴儿在与父母的互动中得以成长。作为家长，我们需要了解这一点，从而学会如何正确地在孩子面前使用电子设备。**很多科学研究表明，在孩子面前玩手机其实也是一种变相的“冻脸”**。

当被父母忽视的时候，孩子会感到失望和无力。因此，请父母在与孩子互动的时候，多看一看孩子，不要让孩子觉得手机比自己还重要。但也不需要矫枉过正，认为我们完全不能看手机，或者看手机的时候产生愧疚感。我们生活在现代社会，需要与世界建立联结。尤其是新手父母，我们可能更需要用到手机和其他电子设备。但是，我们应当做到当孩子（不管哪个年龄段）需要我们的时候，我们可以及时关注孩子，把注意力放在孩子身上。作为父母，我们应当善于解读孩子所传达的信号，并且及时反馈。毕竟，当孩子发现我们关注手机胜过关注他们时，孩子会感受到被人拒绝的痛苦。了解了这一点，我们就可以更好地处理各种问题。

孩子在与父母的互动中成长，他们需要父母的帮助来处理自己身体内各种各样的感受。婴儿不同于大孩子和成年人，他们的情绪调节能力是逐渐发展的。因此，我们需要及时给予婴儿帮助。在他们需要的时刻，我们可以抱起他们，让他们靠近我们的身体，帮他们慢慢调节情绪，这样也可以增进亲子关系，加强亲子之间的信任。孩子会认识到：当我需要爸爸妈妈的时候，我知道他们会在我的身边帮助我。这也就是我在本书第一部分中所讲到的，我们通过加强亲子之间的信任，帮助孩子大脑里的蜥蜴和狒狒建立安全感。

泽德克博士在她的作品中如是说：“婴儿其实是可以感知到自己的情绪的。父母们应当了解亲子关系对于婴儿发育的重要性。因此，我们也应当给予孩子应得的关爱。做到这一点，相信你也会为之自豪的。”

我相信，了解了这一点，你不仅会改变自己与婴儿的相处方式，也会改变一些自己的消费习惯，比如购买什么样的婴儿车。我们知道婴儿每天的经历决定了他们的大脑发育情况。那么，我们更可能会购买一辆可以让孩子面向我们的婴儿车，这样我们可以跟孩子有更多互动。新西兰的一项科学研究显示，跟婴儿说话有助于孩子的语言发育。孩子们可以通过观察父母的微表情来获取信息，促进大脑发育。通过良性的大脑发育，婴儿与父母之间会建立更牢固的信任感。这样，一旦孩子遇到意外状况（遇到马路上呼啸而过的大卡车，或者街头乱吠的狗），我们都可以更好地安抚孩子。

我们要记住：婴幼儿的情绪波动很大，他们感受到的情感也异常强烈。有趣的是，我们可以借助现代科学的手段来“看到”孩子大脑里的情绪波动。比如说，当爸爸妈妈亲吻刚出生的弟弟妹妹时，我们可以看到孩子大脑里的“痛苦”。而被亲吻的孩子呢？我们可以看到，在他们的大脑里出现了积极的神经连接。感谢科学，现在我们可以真切地看到父母与孩子的互动是如何影响孩子的大脑发育，以及如何影响孩子的身体的。关于这一点，我在本书的第二章也详细地阐述过了。

如果没有情绪调节能力，孩子很容易被巨大的情绪淹没。现在，我举例来告诉大家孩子的情绪是如何累积的。通过这个例子，我也会告诉大家我们为什么需要帮助孩子学会情绪调节。

我们假设有一个小女孩，她的好朋友邀请她去参加自己的四岁生日派对。并且，小女孩在幼儿园里的其他同学也都会去参加这个派对。派对上会有蛋糕、音乐，还有好玩的游戏。这一定是个有趣的派对。

可是，在派对的前一天，小女孩发烧了，她不能去参加好朋友的生日派对了。

对于小女孩来说，这种失望的情绪是巨大的。就像泽德克博士所说，失望产生于希望的破灭。“当你期待某件事情的时候，你满怀希望。然后，砰的一声，这件事情不会发生了，希望破灭了。孩子是不会处理这种失望的情绪的。孩子会被失望感淹没，从而情绪崩溃、大哭大闹。这也是学步期儿童闹情绪的主要原因。因为这个阶段的儿童无法处理复杂的情绪——失望、沮丧、背叛以及丧失感。尤其是，当这些情绪同时出现的时候。他们的小身体同时会经历各种各样的情绪。这些复杂的情绪同时出现，会引发巨大的反应。我们通常只会关注孩子的行为，忽略了行为背后的原因——孩子大脑中各种复杂的情绪。”

要知道，孩子的大脑里还没有聪明的猫头鹰，他们无法处理这么多的情绪。作为父母，我们需要了解孩子的情绪，对孩子有更多的同理心，从而成为更平和的父母。对于孩子各种各样的行为，我们应当努力了解其背后的真实原因。过去，我们喜欢说孩子淘气，相信你现在已经有了不同的见解！

既然孩子的情绪很强烈，同时又复杂多变，那么作为父母，我们应该如何帮助孩子提高情绪调节能力呢？我的同事伽柏·玛德博士把这种能力称为“情绪力”或“情绪核心力”。我们希望帮助孩子来了解自己的各种情绪，提高孩子的情绪力。

给父母的小贴士

带孩子认识情绪

威尔伯小的时候，有一段时间很讨厌看配乐伤感的电影。当我问他为什么时，他告诉我说："因为看到这些电影，我会哭。"有一次在幼儿园全校大会上，威尔伯因为一段音乐哭过鼻子（这段音乐是《魔法龙帕夫》，讲的是失去和悲伤的故事）。有个孩子还对他说了一些不好听的话，威尔伯因此觉得哭泣是不对的，而他才不过四岁。

当你的孩子遇到困难的时候，当他们感到愤怒、悲伤、开心或者兴奋的时候，我们可以告诉他们这些情绪其实都是有自己的名字的。这些情绪都是真实存在的，也都是正常的。

于是，我问他："你听到这首歌的时候是什么感觉？"

"悲伤。"

"嗯，感到悲伤很正常。因为这首歌本来就很悲伤啊！我们都会悲伤，而且让别人看到我们的悲伤也没问题，因为这是一种再正常不过的情绪了。"

"那你再想想，当我们开心的时候，会怎么做呢？"我又问道。

"我们笑。"威尔伯抬头看着我，回答道。

"那么我们悲伤的时候，又怎么做呢？"

"我们哭。"

我们应当让孩子知道，情绪是有自己的名字的。这一点很重要。威尔伯一开始并不知道为什么听到这首歌后自己会哭。可是现在经过我的解释，他明白了。那么将来，如果这样的情绪再次出现，他也会泰然处之，不会再感到不舒服。他也明白了我们的身体会对各种情绪做出反应——开心的时候我们会笑，悲伤的时候我们会哭，害怕的时候我们身体会发抖。我们也可以通过蜥蜴、狒狒和聪明的猫头鹰的故事来告诉孩子我们的身体是受压力影响的。通过学习，孩子可以提高自己对于情绪的认知，提高自己对于情绪的掌控力，而不是为自己的情绪感到羞愧或者耻辱。

最重要的是，我们需要告诉孩子，他们的情绪是真实存在的——尽管在我们小时候，我们的爸爸妈妈并不会这样告诉我们。

我们可以告诉孩子，当别人越界的时候，比如有人冤枉你、辜负你的信任或者伤害你的时候，生气是正常的。生气是一种真实的情绪，它代表我们受了委屈。那么如何回应呢？我们可以朝周围的人抱怨或者咆哮，因为我们感到自己的安全受到了威胁。我们也可以学会用语言进行沟通。作为父母，我们需要引导孩子学会使用后者来处理愤怒。

在本书的第二章，我讲到孩子的情绪是巨大的。他们不仅对自己的情绪一无所知，而且还没有能力用语言来表达自己。这个时候，孩子只能通过大哭大闹来发泄情绪。但是，我们可以告诉他们这些情绪的名字，什么是悲伤、什么是幸福、什么是愤怒，教孩子如何表达自己的情绪。当孩子知道情绪的名字时，他们也明白有情绪很正常。孩子们会理解自己各种各样的情绪波动，孩子大脑里的聪明的猫头鹰会成长得更快、更独立。相信我，当孩子了解这一点之后，他们哭泣的次数会越来越少。

我们可以帮助孩子与自己的情绪建立联系，帮助孩子认识他们自己的情感。这样做，孩子会真正成为自己的主人。在孩子人生的前五年里打好坚实的基础，他们的心理基础会更坚实，大脑里的聪明的猫头鹰也会更茁壮地成长。

现在我们来看看到底应该怎么处理孩子的大情感。孩子大脑里的大情感会直接导致他们出现狒狒行为。情绪崩溃或者愤怒都是狒狒行为的身体表现。当孩子被自己内在的巨大的情感困住时，他们往往会出现上述这些行为。

应对大情感，我们需要 SAS[①] 特种部队育儿法！

给父母的小贴士

SAS 特种部队育儿法

当孩子大脑里的蜥蜴和狒狒开始上蹿下跳、失去理性的时候，他们已经被各种巨大的情绪吞没。与此同时，他们

① 这里的 SAS 也是英国特种空勤团的英文缩写，作者使用了双关的修辞手法。——译者注

的身体开始释放应激激素。这时，作为父母，我们应当使用SAS特种部队育儿法。不过这里的SAS不是指穿着迷彩服、手持长枪的特种军人，但是你也需要像特种军人一样动作迅速、目标精准。

父母是孩子真正的英雄。做孩子的英雄，不是说给孩子买昂贵的礼物，而是在孩子情绪失控时，拿出勇气，陪在他们的身边。

父母的陪伴对于培养孩子情绪调节能力非常重要。育儿的路上，我们可以借助SAS特种部队育儿法来帮助孩子调节情绪：

- **S —— Say，说出来你看到的情况。**
- **A —— Acknowledge，确认事实。**
- **S —— Soothe，及时安抚。**

现在我用我的军人先生麦克来举个例子，具体给大家解释一下SAS特种部队育儿法的操作步骤。

有一天，我的先生麦克筋疲力尽地回到家。他告诉我，我们三岁的女儿克莱门西发脾气了。在麦克把车停好之后，克莱门西突然开始大哭。她一直嚷嚷着说爸爸"下错车了"，并且要求麦克重新从车里出来一次，这一次必须从她坐的那一边走出来。"真是的……我感觉自己是个被绑票的人质！"麦克心灰意冷地说。

我努力控制自己不要笑出来，然后我问他具体是怎么做的。

麦克也哈哈大笑："当时，我的大脑里出现了你的声音。

我想如果你在的话，你一定会说，‘不管孩子的行为多荒唐，她一定都是有原因的’，所以我就照她说的做了！”

显而易见，尽管麦克照办了，但是他不明白，为什么克莱门西要他再从汽车里出来一次（相信看到这一幕的路人也不明白）。麦克相信我的育儿观，于是他照做了。他知道，孩子无理取闹，父母可以使用 STOP SN-O-T 翻转法来及时安抚。在这个事件里，克莱门西一定不是故意针对父母，她的哭闹一定另有原因。

事后，我俩一起反思，认为这件事情的导火索还是克莱门西内心对弟弟威尔伯的嫉妒。在复盘的过程中，麦克回忆起来，威尔伯在回家的路上一直是坐在爸爸身后的。所以，克莱门西也想让爸爸从“自己这一边”下一次车。

我们成年人的大脑都有聪明的猫头鹰，可以帮助我们理性思考。这件事情在成年人看来是有点不可理喻的，但是对于一个三岁孩子来说，她的大脑里只有一只小狒狒。对于她来说，嫉妒就是一种确确实实、真实存在的情感。（请记得，嫉妒是一种源于恐惧或者愤怒的次要情绪。在这次事件里，克莱门西的嫉妒还包含了对于父母关注的渴望。）

这种时刻，我们可以先使用 STOP SN-O-T 翻转法，再使用本章里的 SAS 特种部队育儿法。

SAS 特种部队育儿法，用一句话概括，就是指父母需要做到跟孩子认知同频——把自己的认知水平调整到孩子的认知高度，之后温柔地安抚孩子。

其实，麦克还真说对了：像谈判专家一样与孩子沟通。

1. 说出你看到的情况（Say）

首先我们要说出我们看到的情况，让孩子感到自己是被倾听、被看到的。这样，他们大脑里抓狂的蜥蜴和狒狒也可以冷静下来，开始与我们建立联结。我们可以拉起他们的小手，带着他们继续下一步。

通过分析具体的事件，我们可以推测出孩子当时可能出现的情绪。之后，我们可以告诉孩子他们所经历的情绪是什么。通过给情绪命名，我们让孩子知道情绪都是真实存在的，是正常的。所以，我们也不需要污名化任何情绪。

请根据孩子的年龄段，尽量简化我们的语言。语调冷静，语言简洁。可能有些时候，你只能听到孩子的哭闹，那么请你重复你听到的内容。

举个例子。

“克莱门西，爸爸看到了，你现在非常非常生气！”或者“天哪，克莱门西，你看起来好生气！”。

你可以语调夸张，像唱歌一样。请使用跟孩子差不多的音量，不要显得咄咄逼人。毕竟，我们是要让狒狒感到我们跟他们认知同频，而不是要威胁或者激怒他们！

通过重述，我们可以帮助孩子认识自身的情感。孩子会在父母的帮助下认识到情感是真实存在的（尽管有的时候我们看不见它们），爸爸妈妈是可以理解自己的，不会不管自己的。

2. 确认事实（Acknowledge）

我们需要跟孩子确认他们到底要什么。我们先让孩子大脑里的狒狒明白我们理解他们，然后我们需要调动他们大脑里的猫头鹰宝宝。

“你是不是想要爸爸到这儿来？”

语言尽量简洁，并且跟孩子保持眼神交流。神色放松，眼神关切。我们需要通过自己的言行让孩子知道我们真的是想帮助他们。这可是SAS特种部队育儿法，所以我们都是谈判专家。

这个时候，克莱门西可能会含着眼泪点点头。于是，麦克回到车里，坐在了克莱门西要求的位置。好了，这时我们可以放松一下，享受让孩子重回正常状态的喜悦吧。

3. 及时安抚（Soothe）

现在你可以正式“解救”孩子了。虽然没穿迷彩服，但是你就是一个厉害的特种部队军人。你把孩子从痛苦的大情感中解救了出来，你就是“特种父母”！

“好的，亲爱的宝宝，爸爸在这儿。”或者你可以说：“小家伙，过来，爸爸来帮帮你。”

我们可以抱着孩子，用冷静但是温柔的语气来安抚他。这么做有助于让孩子的情绪“重回平衡”。肢体的接触、安抚的话语可以帮助孩子的身体释放出抗焦虑的激素。孩子会慢慢地安静下来，他的身体会分泌大量的催产素——这种激素可以让他们更爱我们哟。

不要低估一个拥抱的力量，拥抱真的很重要。通过肢体接触，孩子的大脑会建立积极的神经通路，同时产生积极的回忆。他大脑里的狒狒会把这些积极的记忆存储在记忆库里。从此，在孩子的认知里，爸爸是很酷的，爸爸是可以理解自己的。

在这次事件中，麦克运用了自己的同理心，理解了克莱门西的痛苦和不满。他可以简单地认为克莱门西只是淘气，但是，他却看到了克莱门西真正的需求：她只是面对家庭新成员时产生了不安全感。麦克没有让克莱门西一个人独自处理自己的负面情绪，他通过 SAS 特种部队育儿法解决了这个问题。

那么，让我们一起来看看麦克本人对这件事的复盘吧。

跟麦克一起复盘

很多年前，我看过一个短片，很有共鸣。在这个短片里，一个爸爸筋疲力尽地对自己的孩子说道："你知道吗？你对我的态度让我不想当你的爸爸了。"直到现在，我还会跟朋友分享这个短片。它很好地告诉我们：孩子并不能如我们所愿，听话顺从。比如，一个学步期的孩子总是想试着从婴儿车里跑出来，自己学习走路；或者你的孩子会莫名其妙地说你"下错车了"，然后情绪崩溃……我们其实可以退后一步，从孩子的视角来看问题。

> 我们会发现，其实我们也把自己的主观意愿投射到了孩子身上。其实，我们也可以顺从他们的心意。从孩子要求的那一侧下车有什么问题吗？跟孩子开开心心地，一起迎着温暖的阳光走回家，不是也很好吗？我现在觉得我的做法其实是一种共赢。我很庆幸我当时没有认为克莱门西在挑战我作为父亲的权威，而跟她较劲。这么说可能有点以偏概全，但是很多父亲其实都不想对孩子妥协，担心自己这么做以后会管不住孩子。不过我按照我太太凯特教我的做法做了。事实证明，对孩子妥协并不会让他们变得更难管教，这跟家长的权威根本没有关系。

天哪，我的先生真的是太可爱了。他上面的反思我也同意！其实这个事件本质还是关乎孩子的情绪。通过共情，麦克不仅成功地化解了这次危机，同时也提高了女儿克莱门西的安全感。因为，在三岁这个年纪，嫉妒其实还是来源于内心的不安全感，克莱门西害怕我们更爱她的弟弟威尔伯（后面，我会专门跟大家一起探讨手足之争的问题）。这种恐惧和不安全感是真实的。经过人类数亿年的进化，我们早已形成固有的认知：被抛弃即意味着死亡。所以，潜意识里，克莱门西在“试探”自己的父亲，她想证明爸爸爱自己和爱威尔伯一样多，她想确认爸爸不会抛弃自己。

那么，我们再来看看另外的一个案例吧。这次，我们来看看幸福这种情绪。大家应该都知道幸福是一种什么样的体验吧？幸福是一种美妙的、让人感到温暖的感觉。幸福让人陶醉。如果你看过美国访谈节目主持人奥普拉采访演员汤姆·克鲁斯的节目，相信你一定会明白幸福的力量。在这段访谈里，克鲁斯一开始就幸福地手舞足蹈。后来，他干脆按捺不住自己，兴奋地在沙发上跳了起来。

能够感知幸福的人是幸运的。他们的世界是多彩的。作为父母，我们当然希望我们的孩子拥有感知幸福的能力。但是我们也要记得，孩子的大脑里只有一个毛茸茸的猫头鹰宝宝。孩子的大脑发育还未完善，他们的大脑无法处理过于强烈的幸福，他们的身体也会出现一系列反应。幸福时、悲伤时、愤怒时、被其他情绪吞没时，他们都需要我们陪在身边。简单地说，有的时候幸福会来得太强烈，强烈到孩子无法消化。

大脑的奥秘

幸福其实是一种身体体验。幸福不单单是一种喜悦，它更是我们内心深处由内向外的感受。幸福源自我们与他人的联结。通常能够生活得悠然自得、得意尽兴的人，他们的童年一定是幸福的。他们从小就被幸福的感受滋养，大脑已经与外界建立了稳定的联结。同时，他们的身体也深深地记住了幸福这种感受。

——玛格特·桑德兰博士（心理治疗师、《育儿的科学》作者）

我们当然希望我们的孩子能够感受幸福。然而，幸福也是一种大情绪。因此，我们要引导孩子正确地消化幸福，而不是被这种情绪吞没。

现在，想象一个场景：

两个孩子在你隔壁的房间一起玩。他们正在兴奋地用磁力片搭建高塔。虽然你看不见他们，但是你可以判断，他们一定玩得很开心。可是，渐渐地，你发现隔壁听起来有点太吵了。你可能会听到，孩子们的笑声渐渐有点不对劲。与其说是笑，不如说他们在乱号。嗯，你的孩子很可能已经出现了"幸福过载"，他们玩得太兴奋了。这个时候，我们需要及时介入，帮助孩子回归平静。当幸福的感觉过于强烈时，幸福就变成了过度兴奋。如果不及时介入，那么它也会演变为其他情绪。

因此，我们现在需要使用 SAS 特种部队育儿法了。

1. 说出你看到的情况（Say）

你可以用跟孩子差不多的音量跟他们交流。你也可以欢呼一声，表示你理解他们的兴奋。保持微笑，和孩子保持认知同频。

"哇！太棒了，你俩搭得太厉害了！我能看出来你俩都很兴奋（指出这个情绪的名字）。"

不要直接打断孩子的幸福时刻。我们希望孩子能够感知幸福，明白幸福也是一种大情绪。尽管孩子对于自己这种情绪有点不知所措，但你可以让他们感到安全。这样，今后当他们感到幸福时，他们也不会去压抑这种情绪。

我们可以把自己调整到孩子的“频道”，让他们知道我们可以理解他们。随后，我们可以开始慢慢带他们一起平静下来，以防他们被这种亢奋的情绪吞没。这样，孩子也可以培养自己的情绪调节能力。

2. 确认事实（Acknowledge）

“把磁力片搭得这么高，你一定特别开心吧！大家看起来都好开心！但是听起来好像有人有点不高兴/伤心呢。你们需要爸爸妈妈帮助吗？”

然后，我们开始……

3. 及时安抚（Soothe）

“来，妈妈跟你们一起玩吧，可以吗？”

安抚需要我们参与孩子的玩耍，需要我们分享孩子的喜悦。我们可以跟他们一起欢呼，让他们感到安全。我们也可以模仿他们的肢体语言和语调，慢慢地让孩子安静下来。

作为父母，你可以察觉到孩子可能正在被强烈的情绪困扰。孩子稍大一点儿，他们可能会主动来找我们寻求帮助。这种情况下，我们可以参考下面的这些问题：

- “天哪，我看得出来，你很生气。”
- “你能告诉我你心里怎么想吗？”

- “你看起来有点伤心。”
- “你看起来气呼呼的，能告诉我到底怎么了吗？”
- “听起来不容易啊。”
- “现在的情况对你来说不容易 / 可能有点困难。”

使用这些句子可以让孩子从强烈的情绪里暂时抽离出来……对于孩子来说，最重要的就是父母陪在身边，愿意倾听自己。

如果孩子不配合也没有关系。记得，孩子永远不是针对你。你可以这样说：“爸爸妈妈想帮帮你。”

上述这些句子都可以让孩子感受到你的关心。他们会明白，在自己情感上遇到困难的时候，爸爸妈妈可以理解自己。要知道，孩子需要的只是我们陪在他们身边。请做一个 SAS 特种父母，而不是让孩子一个人独自处理自己奔涌的大情感。

我们需要让孩子明白，我们可以看到他们的困难，可以理解他们的不容易，也不害怕帮助他们处理大情绪。因为我们的陪伴，孩子也不再害怕自己涌现的各种情绪了。

很多人可能会告诉你，“孩子应该自己忍着点”“你看，你的孩子是个爱哭鬼”，或者“你的孩子真是太闹了”，作为一个“SAS 特种父母”，我相信你会有自己的判断。

要知道，压抑情绪的后果只有一种，就是日后情绪的爆发。对于孩子而言，情绪爆发是百害而无一利的。这样的孩子长大后可能会背上终生的情感包袱，人生的旅途也充满着

各种负能量。

其实，我们可以帮助孩子成为更好的自己，成为一个情感健全、情绪健康的人。我们可以培养孩子的情绪调节能力，让他们在日后的生活中独当一面。

如果你还是不确定要怎么做，那么我问你：你想让哪一位医生来给你做手术呢？是一位冷静、克制、头脑健全的医生，还是那位被狒狒控制、挥舞手术刀的医生呢？

猫头鹰智慧锦囊

- 情绪是人类进化的产物。情绪可以帮助人类更好地生存。情绪都是真实存在的。当我们了解情绪是如何作用于行为后，我们可以更好地管理自己的情绪。
- 我们需要帮助孩子认识他们的各种情绪，告诉孩子每一种情绪的名字。我们也可以跟孩子一起谈论情绪带给他们的身体感受。
- 孩子并不知道自己行为背后的真正原因。因此，我们能做的就是陪伴和安抚。请告诉孩子，我们理解他们。
- SAS 特种部队育儿法有助于父母培养孩子的情绪调节能力。我们要先描述我们看到的情况，跟孩子确认他们的感受，然后安抚孩子。我们需要把自己调整到孩子的“频道”，然后慢慢地帮助他们冷静下来。

下一次当孩子遇到情绪危机时，你会怎样做呢？你会像一个大英雄一样，义无反顾地帮助孩子平衡他们的大情绪，还是会临阵脱逃，丢下孩子一人独自处理情绪问题？

5

为什么孩子动不动就哭？

哭不是软弱的象征。

相反，哭是我们活着的证据。

——佚名

孩子哭泣都是有原因的。

对于婴儿，哭是表达需求的唯一方式。婴儿还那么小，还不能灵活地使用四肢，让身体来做出“战斗—逃跑”的反应。因此，他们只能用声音来与外界沟通。

大自然也非常神奇——你看，婴儿的哭声天生那么洪亮，就像警笛一样，可以迅速引起父母的注意。有些科学研究曾测量婴儿哭声的音量，发现婴儿的哭声可以达到 100—120

分贝。通常，正常交谈的音量是50分贝，摇滚音乐会的音量是120分贝，飞机起飞时的音量是150分贝。通过参照这些数字，我们可以发现，婴儿的哭声确实算得上洪亮。

孩子的哭声一般是在告诉你：“爸爸妈妈，我需要你们。”哺乳动物的天性使然，没有一个父母会对自己哭泣的幼崽不管不顾。

幼儿的哭声通常是对外界的求助，表示他们需要食物、需要水、需要安抚、需要保护，等等。一切的一切，都是为了生存。

婴儿在需要父母的时候会哭泣。大一点儿的孩子也会哭。哭是孩子的有效交流方式。

我们前面了解到，孩子的身体可以感知压力。那么当孩子哭泣时，父母可以温柔地安抚他们，及时回应他们的需求：可能孩子只是需要换尿布了，也可能孩子只是擦伤了膝盖，希望你能亲亲他们的伤口。

神奇的是，当孩子得到安抚之后，我们可以在核磁共振的成像中看到孩子大脑中突然建立起了许多重要的神经连接。

这就是为什么我说**“拥抱才是解决问题的方法”**！

孩子哭泣时，请抱抱你的孩子。他们的大脑会即刻释放出令人快乐的激素。我们希望自己的孩子在年幼时就可以获得这些令人快乐的激素。

大脑的奥秘

如果父母朋友们可以坚持做到及时安抚孩子，帮助孩子舒缓压力，认真地对待孩子的哭泣，那么孩子的大脑会建立更高效、更积极的反应系统。这样，孩子在未来也可以更好地处理压力。

——玛格特·桑德兰博士（心理治疗师、《育儿的科学》作者）

很多人认为孩子不会记得自己早期的各种经历。来自美国儿童创伤研究院的精神病学家布鲁斯·佩里博士带领他的同事们对此展开了研究。无独有偶，著名心理学家、记忆研究专家丹尼尔·沙克特教授也对这个话题进行过研究。众多科学家一致认为，尽管人类成年后可能会忘记自己的早期经历，但是我们在早期形成的“情感记忆”会伴随我们终生。在《记忆碎片》这本书中，佩里博士曾解释过这个理论。

尽管孩子可能不能用语言来描述过去的某段经历，但是不代表这段经历没有以其他形式被大脑“存储”下来。如果我们小时候被狗追过，那么长大后再次遇到这种情形时，这段无意识的童年记忆依然会影响长大后的我们。研究表明，这类无意识的记忆会影响我们的世界观，也会影响我们之后对类似事件的处理方式。

大脑的奥秘

婴儿出生的头一年非常重要。在这一年里，婴儿会逐渐形成“我是谁”这一观念，从而获得清晰而又坚实的自我认知。从出生六个月到三岁这段时间里，父母持续不断的关爱和呵护也至关重要。在这一时期，如果可以获得父母的及时反馈和持续关爱，孩子长大后在各类亲密关系里也会更有安全感。

——奥利弗·詹姆斯（临床儿童心理学家、《如何培养情感健康》作者）

睡眠与哭泣

我们生活在一个快节奏的社会里。很多家长朋友都希望孩子可以理解自己，跟着自己的时间安排走。我们往往忽视孩子的需求，强迫孩子配合我们的需求。我是一个职场妈妈，也有着跟大家一样的困惑。然而，反观传统育儿，我们其实已经偏离了孩子的基本需求。孩子的基本需求并不多，他们只是想要父母的陪伴、拥抱、关注和倾听。如果你的孩子晚上总是哭，他肯定不是故意想做一个“难搞”的宝宝（当然，我理解你，我每天早晨都得六点起床工作，处理堆积如山的工作邮件）。

理想很丰满，现实却很骨感。对于孩子的夜间哭闹，我们没有捷径可走。

孩子小的时候就是很不好带。新手父母最需要帮助。一些父母会尝试“哭声免疫法”，让孩子长时间大哭，却不去安抚。

我也常听到一些观点，“让孩子自己哭哭，哭累了就不哭了”“孩子其实是利用哭声操纵自己的父母”。更有甚者，“一个礼拜不管孩子也没关系，反正他们也记不住”。

事实是，我采访过的所有专家全都反驳了上述观点。

著名心理治疗师玛格特·桑德兰博士曾告诉我说：“过去有一个很流行的观点，认为孩子发育中的大脑是很强大的，可以抵御各种压力。然而现代神经科学研究证明，这个观点其实是个悖论。尽管小孩子拥有一定的抗挫力，但是孩子（尤其是一岁以下的孩子）非常容易受到压力影响。孩子的大脑仍在发育中，对于压力会更敏感。过度的压力会伤害到孩子发育中的大脑，干扰孩子体内情绪调节类激素的平衡。”

关于这个问题，我还采访过美国儿童创伤研究院的精神病学家布鲁斯·佩里博士。佩里博士是儿童创伤和精神病学领域的学术泰斗。当我们讨论到是否应该让孩子长时间哭泣时，佩里博士告诉我：**“现在有很多流行的育儿方法，声称可以帮助家长减少孩子夜晚哭泣的次数。可是家长们不知道，这些方法其实会让孩子频繁出现应激反应。长远来看，会影响孩子的心理素质，有些孩子甚至会出现情绪敏感和情绪失调等症状。这样做，短期奏效，但是长远来看，实在是**

得不偿失啊。”

当孩子的需求得到满足，当孩子感到安全的时候，他们的情绪自然而然会变得更稳定，哭泣的次数也会越来越少。

大脑的奥秘

一个大哭的孩子如果一直得不到回应，最后肯定也会停止哭泣。但是，这样做的代价是巨大的。不是说孩子只要小嘴一噘，做父母的就得立刻冲过来安抚……可是，但凡我们还有一点儿共情能力，就能看出孩子长时间大哭背后的信号——那是孩子绝望地在向外界求助啊。这种哭声听起来很撕心裂肺。孩子一直哭泣，直到最后哭累了，筋疲力尽地睡去。然而，他的大脑依然处于一种绝望的状态：没有人会来帮助自己的。长时间哭泣、与父母的分离会影响婴儿的大脑发育。并且，这种影响是终生的。

——玛格特·桑德兰博士（心理治疗师、《育儿的科学》作者）

读到这里，有些家长可能心里有点难受。这些家长朋友的孩子可能已经长大些了。可是在他们小的时候，这些家长也或多或少用过“哭声免疫法”来让孩子停止哭闹。请不要太苛责自己，毕竟在过去很长一段时间里，“哭声免疫法”就是主流的育儿观点。可是，我们应该相信科学，重新来看待孩子哭泣这个问题。过去，没有人告诉我们“哭声免疫法”的危害，可是现在我们有权知道。我深知没有家长能忍心让孩子自己一个人哭。我知道，你们可能现在觉得很后悔、很内疚。但是，现在知道还不晚——科学育儿，永远都不晚。

当孩子哭泣的时候，我们应当帮助孩子擦干泪水，及时回应他们。这样做，孩子的大脑会建立积极的神经连接，我们与孩子间的亲子关系会变得更牢固、更亲密。

心理学专家伽柏·玛德博士也认同我这个观点。“现在的社会，人们普遍压力大。大家都不想让孩子把自己拿捏得死死的，可是我相信没有几个父母能舍得让自己的孩子一个人哭。”很多时候，对孩子好意味着父母需要付出更多的汗水。婴儿天生就没法一觉睡到天亮，夜间哭泣很正常。而妈妈们宁可自己休息不好，顶着熬夜的黑眼圈和头痛，也要好好照顾自己的孩子。母爱是伟大的，相信大家都是有爱心的父母，我们要提高警觉，不要随意听信那些无证“医疗从业者”和所谓睡眠训练师的话，他们很可能会让你在无形中做出有害孩子心理健康的行为。

伽柏·玛德博士这样形容这种风险：“婴儿大哭大闹一段时间后，通常会突然睡去。这不是孩子学会了所谓的自主入睡。事实正相反，孩子感受到了无尽的绝望和无助，他的大脑再也承受不住了，选择了自动关机。这是人类的一种自然神经机制。这不是自主入睡，而是孩子失望之后选择的放弃。这么看，缺觉的父母短时间内得到了解脱，可是付出的代价呢？长期来看，孩子的情绪调节能力会变得更加脆弱。

在他的大脑皮层里，关于这个世界的认知形成了：这是一个没人爱我的、冷冰冰的世界。”

只要我们愿意花时间和精力帮助孩子在年幼时学会情绪调节，那么多晚都不算太晚。而且，我们可以通过各种方式帮助孩子掌握这一项珍贵的能力。

当孩子哭泣时，父母及时回应，孩子就会知道，父母是可以信任的。在不安时，父母也会陪在自己身边，给予安全感。这样，孩子的大脑会建立更多健康的、积极的神经连接，孩子们的心理也会更健康。

我和我的先生麦克也对哭泣和睡眠训练方面的话题很感兴趣。通过大量阅读，我对这方面的理论进行了研究和提炼总结（就是上述我提到的观点），之后我俩在孩子哭泣的问题上达成了一致。这个方法在我们家一直很有效。

我知道，孩子刚出生的头几年特别难熬。我到现在还记得克莱西门和威尔伯小时候的那些日子。那些无眠的夜晚，那些困惑（我的孩子到底怎么了，为什么一直哭），我大脑里的蜥蜴和狒狒，还有躁动的日子……全都历历在目。

我记得，女儿克莱门西刚出生的时候，我和麦克总是搞不清楚她为什么哭泣。麦克是个特别实际的人，他直接让我在墙上贴了一张纸。纸上写满了各种可能让克莱门西哭泣的原因。这样当我抓狂的时候，我可以直接参考这张纸，用排除法寻找原因。

饿了	渴了
困了	冷了
热了	该换尿不湿了
不舒服了	……

我发现一旦我找到克莱门西哭泣的原因，我就可以安抚她了！

我发现，排除了其他让克莱门西哭泣的原因之后，她需要的其实是妈妈的安抚。我发现她最喜欢窝在我胸口的婴儿背带里，跟着我一起做“河马蹲”。“河马蹲”就是我重复地弯曲膝盖，同时嘴里发出河马哼哼的声音，安抚哭泣的孩子（你可能得上网查查河马哼哼的声音，反正我查了）。我嘴里低低的呢喃和身体有规律的晃动，可以很快地让克莱门西安静下来。

在布鲁斯·佩里博士的书中，他的观点也证实了我的方法是有效的。他认为**有规律的节奏可以帮助婴儿从“高度焦虑”的状态快速地安静下来**。在很多有上千年历史的部落文化里，我们都能看到节奏的使用。比如说，歌声、舞蹈和击鼓声都是将部落的人们团结在一起的主要方式。这些规律的节奏也经常出现在一些治愈仪式里。

佩里博士解释说：“重复性、有规律的节奏可以刺激大脑脑干中的躯体感觉系统，从而使大脑中的奖励系统和皮质层得到激活。”

听起来有点复杂对不对？现在我们用蜥蜴和狒狒的故事来解释一下吧。当孩子还在母亲子宫中时，他们是安全的。这个时候，蜥蜴操控着他们的大脑。一切能让蜥蜴感到安全的事物都可以帮助婴儿更加安心。当孩子在母体中时，一切都是被“打点好了”的。饿了有东西吃，温度刚刚合适，还可以听到妈妈有力的心跳声……这是为什么宝宝们喜欢跟着父母一起散步。（可能有些宝宝坐在婴儿车里也很开心，但是大多数宝宝还是喜欢坐在婴儿背带或者腰凳上，因为这样离父母更近一些。我们可以轻声哼唱，或者发出咿咿呀呀的声音，孩子最喜欢这样了。）

你可以不断尝试，找到适合自己的育儿方法。比如，当孩子哭泣时，你可以把灯光调暗，可以看看孩子是不是觉得冷了或者热了，可以抱一抱孩子（在孩子幼年时，肌肤接触非常有益），可以温柔地摇一摇孩子，或者用其他模拟子宫环境的动作……这些动作都可以让孩子感到安全。安全感很重要。当学步期的孩子大脑中的蜥蜴感到安全时，他们才可以真正放松下来。如果你的孩子晚上是独自入睡，那么他可能会感到没那么安全。在他们原始的大脑里，他们意识不到父母就睡在自己隔壁的房间，他们只会觉得自己所处的环境又黑又可怕。好多个夜晚，我的先生麦克都跟我说他觉得自己像是拆弹专家——先放下孩子，然后小心翼翼地溜出婴儿房。一不小心，他把木地板踩得嘎吱作响，于是前功尽弃，克莱门西又开始撕心裂肺地大哭起来。没办法，我们俩决定陪睡。我们两个做了充分的调研，认为陪睡是我们的最优解法。我知道，很多父母会担忧：一旦开始夜间陪睡，孩子会一直要求跟父母一起睡。当然可以根据你的个人情况决定是否陪睡。

根据我的个人经历，我的孩子并没有出现一直黏着父母的情况。随着逐渐长大，他们自然而然地学会跟父母分床，有了自己独立的房间。克莱门西大概在三岁那年就可以独自入睡了，而威尔伯则是在四岁那年跟我们分床的。你大概可能会一口茶水喷出来：“天哪，四岁就能独立入睡了吗？”但是我觉得，与其说让孩子不断地频繁夜醒，不如直接让孩子在自己的床上自主入睡。现在我的两个孩子都可以在各自的卧室里安静地自主入睡。

通过关注孩子的需求，我们可以帮助孩子培养他们的情绪调节能力，孩子会自己慢慢地安静下来，他们会睡得更香，家长也可以更放心。于是，我特别关注孩子的需求。只要我觉得孩子有可能感到不舒服（比如他们的哭声可能会告诉我，他们身体或者心里不舒服），我一定都会及时回应的。想一想本书开头蜥蜴的故事：如果孩子一个人睡在漆黑的卧室里，这时突然有一声巨响，小蜥蜴一定会吓一大跳。他可能会觉得周围有敌人或者其他捕猎者，正虎视眈眈地想吃掉自己呢。如果你读过本书的第二章，你会知道，蜥蜴会急匆匆地爬上猴面包树，向狒狒求救，然后狒狒会直接按下“报警按钮”。在现实生活里，当婴儿感到恐惧时，他的大脑会释放出大量的应激激素。同时，血液中的皮质醇含量会急剧飙升。正因为如此，受到惊吓的孩子需要父母及时安抚。

我们可以做孩子成熟、聪明的猫头鹰，帮助他们调节情绪，帮助他们大脑里的蜥蜴和狒狒安静下来，帮助孩子大脑里的猫头鹰宝宝快速成长，这样孩子在未来就可以调节自己的情绪，哭泣的次数也会越来越少。

我希望大家可以明确一点：孩子的哭闹都有其背后的原因。哭声的背后，隐藏着他们真实的需求。对，上面的理论适用于所有五岁以下的孩子——不管是学步期的儿童、五个月大的婴儿还是五岁的孩子。我觉得有句谚语说得很好：“肥皂可以洗净身体，眼泪可以洗涤心灵。”五岁以下孩子的哭声，其实就是他们与外界沟通的一种方式。

孩子哭不仅仅是因为他们难过，也是一种很好的减压方式。本书第二章中，我们可以看到，压力对身体有各种各样的危害。我们应当帮助孩子快速地排解压力。对于大一点儿的孩子，我们可以用温柔的语言来安抚他们。轻柔的语调、简单的话语都可以帮助孩子安静下来。我们也可以使用规律的节奏，让孩子静下来。哄一哄、摇一摇、轻声哼唱、一起散步都可以帮助孩子的小蜥蜴和小狒狒重回平静。

如果孩子真的非常焦虑，我们就可以使用SAS特种部队育儿法了：

• 说出你看到的情况（Say）："哦，宝贝，我能感觉到你真的很生气。"

• 跟孩子确认他的感受（Acknowledge）："宝贝，我知道你现在一定感受到很多大大的情感。"

• 及时安抚（Soothe）："过来，宝贝，爸爸妈妈可以帮助你吗？"

你不需要说太多，也不用太具体，不然孩子可能会更焦虑。五岁以下的孩子还不会听父母说话。如果说得太多，他们大脑里的蜥蜴可能会出现"宕机"的情况（这个时候他们的大脑还没有"战斗—逃跑"的模式，只会宕机）。我们需要跟孩子共情。有时，你会发现孩子哭得更凶了——这也是好事，因为哭是一种很好的宣泄压力的方式。我们可以给孩子足够的空间，来让他们宣泄自己的情绪。

还记得我们之前讲过的STOP SN-O-T翻转法吗？记得要使用恰当的肢体语言，比如低下身子、张开双臂、表情自然真诚、面带同情——我知道，有的时候孩子会因为一些很荒诞的原因哭泣（比如面包的颜色不对），其实孩子不一定真的是因为面包颜色不对而哭泣。你也许暂时搞不清楚真正的原因，但是你可以成为他们的聪明的猫头鹰，用你大大的翅膀抱住他们，安抚孩子的伤痛，帮助他们培养强大的内心。

如果你是独自带孩子，那么请你记得：孩子小时候的那几年确实会特别困难。还记得我的先生麦克是个军人吧？他跟我打过这么一个比方：单亲妈妈/爸爸独自带娃，大概比打仗的时候开战斗机还难。（如果你是独自一人带孩子，请你记得你不是一个人。本书的第十四章，你可以获得更多支持。）

跟麦克一起复盘

孩子小的时候，你可能特别想快点把他哄睡。于是，你一直给孩子唱催眠曲。你可能会像海豹突击队队员一样蹑手蹑脚地从婴儿房里溜出去。但是请你记得，孩子眼中的世界跟我们不一样，他们看世界的方式也和我们不一样。你可能要学点说话的技巧，因为温柔有力的话语比什么都管用；你还需要一个像世界象棋冠军加里·卡斯帕罗夫一样聪明的大脑。部队里有句格言："既能强攻，也能智取。"我觉得这句话也适用于带孩子。

你也许会觉得养娃是件吃力不讨好的事情。但是，我可以拍着胸脯向你保证：这一定是件值得的事情。

猫头鹰智慧锦囊

- 哭也是一种沟通方式。
- 孩子哭泣时，父母的回应非常重要。这决定了未来他们如何看待这个世界。
- 安抚哭泣的孩子不会让他们变成“爱哭鬼”。相反，他们会变得更坚强。

6

如何帮助孩子释放压力？

通过观察大猩猩如何照料它们的幼崽，我突然觉得养育一个婴儿也可以是一件有趣的事情。

——珍·古道尔博士（女勋爵、灵长类动物学家、人类学家）

在本书的第二章，我们知道人类或多或少都会感受到压力。那么动物呢？请跟我一起想象一下这个场景：在非洲茫茫的大草原上，有一只黑斑羚。这里地广人稀，鲜有遮蔽。这里危机四伏，各种捕猎者虎视眈眈。在这种环境下，你觉得黑斑羚压力大不大呢？在非洲大草原上，黑斑羚的天敌主要是狮子。

美国临床心理学家彼得·列文曾经观察过狮子猎捕黑斑

羚的过程。在躲避追击时，黑斑羚体内会出现应激反应，瞬间释放的激素可以给它巨大的能量，让它得以飞快地奔跑。跟人类一样，黑斑羚的身体在应激反应下会释放一种叫皮质醇的激素。皮质醇可以迅速升高血糖，为肌肉供能。

有时，黑斑羚可以靠着飙升的皮质醇来迅速奔跑，逃脱狮子的追击。而有时，它们会直接躺在地上装死——也许它可以这样逃过一劫。因为很多肉食动物是不会吃地上的“尸体”的。听起来是不是很熟悉呢？就像本书中的小蜥蜴一样，动物在压力下也会出现“原地不动—昏厥”的表现。

不管黑斑羚是奋力逃脱还是原地装死，列文发现：死里逃生之后，黑斑羚都会站起身体，失控地抖动身体，就好像真的要把压力从身体里甩掉一样。剧烈地抖动几分钟后，它们又会像什么事都没发生一样，重新回到草原。很多猎物们在死里逃生之后都有类似的反应。例如，鹿或者瞪羚在成功逃脱捕猎者追击之后，也都会出现剧烈的身体抖动。列文认为，这种身体抖动是动物排解压力的一种方式。在应激反应的作用下，它们的身体产生了大量激素。这些激素可以让它们的身体瞬间爆发出巨大的能量——但是它们也需要将这些能量代谢出体外。列文指出，动物们天生就具有自我减压的能力。在被袭击之后，动物们可以自动从心理创伤中恢复。并且，动物们也不会出现创伤后的各种心理障碍。列文的研究横跨各大学科，涉及各种领域。基于理论研究基础，列文将上述现象称为“躯体体验”。动物们可以通过“躯体体验”

来释放身体瞬间产生的能量，关掉体内的“警报开关”。这也是为什么黑斑羚会在劫后抖动身体——为了甩掉身体里累积的压力。

“躯体体验”是一种既安全又有效的解压方式。

大量的科学研究证明，在哺乳动物里，只有人类和动物园里驯养的动物不具备“躯体体验”能力。除了少数传统部落，大多数人类都不会通过这样的方式来排解压力。并且，人类并不会像动物一样自我疗愈创伤。

对于原始社会生活在洞穴中的人类，坚强一点儿很有好处。强大的内心可以让人类适应狩猎的原始生活，也可以帮助人类躲避剑齿虎的追击。但是，内心强大对于孩子来说并不是一件好事。

人们总是教育孩子“要坚强”“要把眼泪憋回去”，但是这样做真的是对孩子好吗？

如果五岁以内的孩子一直压抑自己的情感，那么后果将不堪设想！压力所带来的应激激素会一直在孩子的血液中累积，无处释放，一直留在其身体里。如果长时间处于压力之下，孩子原本脆弱的大脑发育会变得雪上加霜。

这是百害而无一利的。因为，压力可以留在身体里。

根据上述科学研究，我们一起来思考：我们可以用什么方法来帮助孩子释放压力呢？

一起来看下面这个案例吧：

杰米拉是个三岁的小女孩。在去幼儿园的路上，她想爬到墙头上走路。

可是杰米拉的妈妈想让她走快一点儿，因为稍后自己还有一个重要的工作电话。但是杰米拉拖拖拉拉的，她抱住妈妈的大腿不让妈妈走。

母女之间的气氛开始变得紧张起来。终于，妈妈爆发了："不行！快走，杰米拉。我们要迟到了。咱们得快点走到幼儿园去。"

杰米拉哇哇大哭起来，眼泪像断了线的珠子。

看到自己的女儿哭泣，妈妈内心也很受折磨。妈妈心疼杰米拉，但还是不想向女儿妥协。

"杰米拉，你想在墙头上走吗？"

杰米拉哭哭啼啼地点了点头。

"好吧，你可以骑着墙，但是你现在必须先不哭。"

很多父母都会像杰米拉的妈妈一样，跟自己的孩子讨价还价。因为大家都觉得，如果向孩子妥协，会把孩子惯坏。于是，家长们开始跟孩子谈条件：只要不哭，后面的事才好商量。

我理解大家。不过，还记得我的先生麦克被女儿克莱门西"要挟"的事件吗？我希望大家明白，我们的孩子还很小，他们真的不懂得如何要挟大人。孩子不会故意操纵人心，他们真的只是在发泄自己的情绪。当压力和负面情绪引起的激素在身体内累积时，他们只能用哭声来传达自己的情绪。

比如，在这个案例里，杰米拉可能也遇到了不小的压力。可能这是第二天去幼儿园，她有点茫然，不知所措，但不知道如何排解自己的压力。于是她大脑里那只调皮的狒狒开始活跃起来：到底怎么做才能释放压力呢？嗯，爬到墙头不错。骑着墙去上学，有趣！事实上，做一件冒险的事、动一动身体确实有助于释放压力。

所以，杰米拉产生上述行为的根本原因是她对幼儿园的恐惧。

可是妈妈却要和她谈条件。妈妈告诉她，只要不哭，她就能做想做的事。

妈妈想告诉杰米拉，哭不能解决问题。

但是为什么非得这么做呢？

这件事情根本不值得母女开战。

现在，请戴上福尔摩斯的侦探帽，然后扪心自问：看起来骑着墙走对于杰米拉很重要。虽然我们不知道为什么孩子非得这么做，但是我们能不能就依着孩子，让她这么做呢？

在杰米拉的案例里，孩子通过眼泪来与父母沟通。在遇到压力后，孩子希望能做一些轻松有趣的事情（比如骑着墙走）来帮助自己缓解压力。那么父母为什么非要跟孩子对着干呢?

“啊!”我知道你会说,“可是杰米拉的妈妈一会儿还要接老板的工作电话啊。”

没错,现代社会的节奏越来越快,已经影响到了我们和子女之间的亲密关系,但是我们不能因为节奏快就忽略了孩子的感受。

你知道吗?如果我们尝试着肯定孩子,让杰米拉骑着墙走,可能母女二人都会开怀大笑的。没错,这真的是个好主意!没必要跟孩子对着干,直接把孩子抱起来,放在墙头上,对她说:“哈!现在你可以在墙头上走啦!妈妈理解你。”

就这么简单。

你会发现母女之间的联结更加亲密了。我们选择倾听孩子内心的声音,而孩子也感受到了父母的关爱和理解。

无须跟孩子对着干,真的不需要。

好吧,可能有些读者朋友又要问了:“嗯,你的办法听起来不错。可是如果我迟到了,没接到老板的工作电话,老板要炒我鱿鱼怎么办?”嗯,有道理。但是,换个角度想一想:如果我们因为安抚焦虑的孩子就可能工作迟到的话,我们是不是应该考虑优化一下我们的时间管理呢?如果每天上班时间固定的话,我们就早一点儿出门。这样,我们也可以更从容地应对孩子的各种情况。而且,解决杰米拉这样的事件可能也用不了几分钟。

当孩子认识到父母可以理解自己,并且可以帮助自己处理压力的时候，孩子也会更理解父母。他们会开始明白父母的立场，知道什么时候自己应该听话。我们需要让孩子明白，我们是他们亲密无间的队友。当孩子明白，父母不会对自己发号施令，或者强迫自己做不情愿的事情时，孩子也会更配合我们。

请做一个对孩子说“Yes”（可以）的家长。这样当你对孩子说“No”（不行）的时候，他们也会更认真地对待。这就是在帮助他们培养大脑里的聪明的猫头鹰。

上个星期，我的孩子就给了我最大的褒奖。他们对我说：“妈妈最棒啦，因为她总是对我们说‘Yes’！”（其实，也不全是这样，但是他们这样觉得，我真的很欣慰。）

当孩子们情绪崩溃、担心害怕时，压力会一直留在他们的身体里。当他们再遇到压力时，常常会出现全身性的应激反应。并且，也会伴随着哭泣。还记得威尔伯从野外托儿所放学的故事吗？威尔伯就因为压力出现了巨大的身体反应。不过后来我们开心地一起踩着落叶玩耍，威尔伯的压力也随之消失了。

这里，我给大家介绍另外一个实用的育儿工具。这个工具的灵感来自本章开篇的黑斑羚。我们可以利用这个工具，帮助孩子释放压力。

给父母的小贴士

开合跳和萨尔萨摇摆舞

有一年，我们全家一起去滑雪度假。这是威尔伯和克莱门西第一次滑雪。虽然是学习新技能，但是孩子们都学得很快。前两个早晨，我陪着孩子们上课。我发现一个有趣的现象：孩子们上课的时候都不会哭。可是当爸爸妈妈来接自己下课的时候，很多小孩子都哭了。这种哭更像是他们在向父母发泄自己一早晨累积的压力。毕竟，学习一项新技能不容易。就像威尔伯在野外托儿所一样，他们会先将自己的情绪收起来，直到见到父母（他们的安全网），才会宣泄自己的情绪。我注意到，有些父母面对自己哭泣的孩子感到不大自在。这真的让人很心痛。我不是指责这些家长，我们就是这样被养大的，所以我们也看不得自己的孩子哭。但是，哭是孩子的一种本能，发泄压力的一种方式。面对哭泣的孩子，我们能做的就是陪伴和安抚。相信有了我们的关爱，孩子的哭声也会越来越少。

学滑雪一段时间之后，孩子们进步都很大。姐姐克莱门西甚至都可以滑高级一点儿的雪道了。我看着克莱门西面带骄傲的表情，从山坡上嗖一下滑下来，然后一个起伏滑出了我的视野。

几个小时之后，一场暴风雪袭来。雪很大，能见度很低，我们几乎看不到自己的手。我滑下坡道，看到麦克已经接到了威尔伯。于是，我又重新上山寻找克莱门西。终于，我在一群孩子中间找到了她。当时克莱门西已经吓坏了，啪嗒啪嗒地流着眼泪。我用手臂抱住她，带着她来到了安全地带。克莱门西越哭越凶。我知道，她吓坏了。

“克莱门西！”我叫道。尽管我很心疼女儿，可是我还是让自己的声音听起来很轻快。“我知道刚刚肯定特别可怕。”

此刻，我知道我应该立刻使用SAS特种部队育儿法——说出你看到的情况，确认事实，及时安抚。

情况严重时，安抚可能还不够。我需要更多方法来安抚受到惊吓的克莱门西。她小小的身体里此刻充满了皮质醇和肾上腺素。

怎么办呢？我想起来我参加综艺节目《舞动奇迹》的经历。同时，我也想起了列文对黑斑羚的研究。我想到了！之前我在参加心理咨询师培训时，每次学完一个很难的单元，我的导师乔治娜都会要我们“甩一甩”，甩掉压力。从那以后，我一直都用这种办法来排解压力。有时在新闻直播室里，我会站在提词器前跳我的减压舞。疲惫的时候、想活动身体的时候，我也会站起来，在我的小蹦床上跳一跳。

我给这种减压舞取了个名字——萨尔萨摇摆舞。

我决定让克莱门西也试试我的减压舞。于是我对她说：“宝贝，我们要不要一起把压力甩光光？我们来一起扭一扭，跳萨尔萨摇摆舞吧。”于是，在之后的半分钟，我和克莱门西一起摇摆起来。我们穿着滑雪服，一边挥舞手臂，一边扭动屁股，样子滑稽极了。如果你看过《丛林之书》，那么我俩就像两个穿着红色滑雪服的小熊巴鲁。

后来，我俩一起放声大笑起来。我看着她，她看着我。我长舒一口气，带着克莱门西下了山。

这个办法非常有效。我后来又用过很多次。有的时候，我带着孩子们一边跳，一边想象我们是“盘子里的果冻”（我小的时候，母亲经常一边帮我揉干头发，一边轻声哼唱这首歌）。有的时候我们把这种舞蹈改编成“胡辣汤舞”。有的时候，我干脆直接带着孩子做开合跳。每一次，孩子都会迅速地释放压力，重新开心起来。

我们也不一定非得跳萨尔萨摇摆舞。很多其他方式也不错：慢跑、散步、打鼓……你甚至可以带着孩子织毛衣！

我曾经采访过布鲁斯·佩里博士。佩里博士告诉我，其实我们的身体懂得如何处理压力。顺应天性，向我们的老祖先一样，用肢体动作来与压力和解。

怎么称呼这种动作不重要，怎么跳也不重要，重要的是，孩子可以通过这种方式甩掉压力，一身轻松！当然，这里要强调

一下：这种方法仅适用于能够独自站立，并且可以独自跺脚的孩子。我们不能晃动婴儿或者低龄的孩子。对于婴儿，我们可以把他们抱紧一点儿，带着他们一起做“河马蹲”！

拥抱的力量

拥抱有着强大的力量。不论年龄多大，拥抱都可以帮助我们释放压力。当孩子们遇到压力或困难的时候，我们可以用我们温暖厚实的猫头鹰翅膀抱抱他们。拥抱和爱抚可以帮助他们缓解压力，并且清理身体里留存的应激激素。

拥抱是一种自然的行为，可以帮助孩子大脑中焦虑的蜥蜴安静下来。我们可以抱一抱、摇一摇我们的孩子，让他们身体里的焦虑慢慢地释放。作为父母，我们常常凭着直觉和本能来带娃。尽管我们不知道节律性动作可以安抚哭泣的孩子，可是我们自然而然就会这么做。比如，我们经常会在孩子洗完澡后把他抱起来，然后轻轻摇一摇。没错，拥抱和节律性运动有着强大的治愈能力。

如果孩子不太习惯被人突然抱起来，他可能会扭来扭去。这时候，就不要强迫他啦！如果你感受到孩子不喜欢被抱着摇晃的话，请伸出你的双臂，就像大大的猫头鹰翅膀一样，抱着他，轻轻安抚他。如果我的孩子感到焦虑并且压抑的时候，我会温柔地在他们的耳边低语：“没事，没事的。”我会一直重复这句话，慢慢地平复他们的心情。佩里博士也讲过，规律的节奏可以帮助婴儿从“高度焦虑”的状态快速安静下来。我想，我的这种安抚方式大概无形中也运用了他的理论吧。安抚孩子的时候，你觉得合适、顺手的方法都会有效果。

如果孩子已经异常焦虑，并且精神紧绷，他可能会不让任何人靠近。没关系，保持冷静。记得使用STOP SN-O-T翻转法。首先，孩子不是故意针对我们的，他只是茫然无措了。这个时候，请陪伴你的孩子，不要丢下孩子一个人。因为孩子是不能独自处理情绪的。如果可以的话，你可以靠着墙坐下。我知道你这个时候很想做点什么，不用。

你只需要坐在这里，让孩子知道，我们会陪着他们就好。

这一刻，我们只需要跟孩子共情。孩子这个时候可能情绪很激动：他们可能在床上拳打脚踢，可能喊得声嘶力竭……这个时候他们的大脑是由蜥蜴和狒狒控制的。所以此刻，我们暂时不需要先分析孩子情绪失控的原因。使用SAS特种部队育儿法吧。还记得怎么用吗？先说出你看到的情况，跟孩子确认感受，再安抚孩子的情绪。如果可以的话，请保持和孩子一样的高度，不要显得咄咄逼人，否则孩子可能感到更有压力。语气尽量沉着冷静，让孩子明白，我们不会丢下他们不管。

我们要让孩子知道，爸爸妈妈会帮助他们的。

五岁以内的孩子每一天都会面对无数新挑战。当孩子遇到压力时，如果父母不能及时安抚，帮助孩子释放身体里的压力，后果可能会很严重。孩子可能会因此变得更容易紧张和焦虑。所以，在我的孩子闹脾气时，我从来不会把他们关“小黑屋”。在本书第八章里，我会详细解释我这么做的原因。

跟麦克一起复盘

回想一下这章的内容，我觉得让我印象最深刻的就是我们全家经历的“滑雪场事件”了。从这件事情中，我意识到，男人很多时候更倾向于解决问题，而不是真正地去关心孩子的情感需求。在养娃的路上，总会出现各种各样的状况。比如，当那天暴风雪突然降临，能见度骤降，我发现人和人处理情感问题的方式真的很不一样。我记得当我接到威尔伯的时候，他也吓坏了。可是当时我满脑子都在自责，怪自己为什么不给孩子买一副更保暖的滑雪手套。威尔伯的手都冻僵了。然后，我又很气愤，滑雪学校居然选这种天气让孩子们出来上课。而我太太凯特却第一时间想到了呵护孩子受伤的情感。虽然说我可能更实际一点儿，但是并不代表我不关心孩子。我觉得大人有时候也会因为这些事件而难受自责，于是我们希望快速地翻篇，忘掉这些事件。我们可能会轻描淡写地说：“哎呀，你看，你不是好好的嘛。”可是，这样快速翻篇，对于孩子来说真的很不好。

猫头鹰智慧锦囊

- 压力可以留在身体里。
- 自然界的动物可以自动地将压力释放到体外。
- 我们可以用开合跳和萨尔萨摇摆舞这些肢体运动来帮助孩子释放压力。
- 对于婴幼儿，我们可以带着他们做“河马蹲”！
- 一句话总结：当孩子的心理出现“过载”时（不管什么原因），我们要陪伴孩子，让他们用肢体动作甩掉压力！

7

如何帮助孩子解除危机？

我一直都相信童年是有魔力的，幸福的童年更是魔力无限。

——柯林·汤普森（著名童书作家、插画家）

故事发生在圣诞节的前一天（我相信有很多故事都是这么开头的），我听到我家楼上传来争吵声——孩子的哭声和麦克气急败坏的吼叫声交织在一起。情况不妙，麦克通常不会吼孩子，他一般都是轻声细语的。于是，我飞速爬上楼梯，刚好撞见麦克站在浴室的门口。

“天哪，这绝对不可能！”麦克咆哮说。

此刻，威尔伯也哭得上气不接下气。我根本听不到麦克到底在说什么。

威尔伯尖声哭道："我才不要从浴缸里出来呢！"

浴室的地板上都是洗澡水。一对父子，都怒火中烧。我从麦克手里拿过浴巾，走向威尔伯。

"宝贝，怎么了？"

麦克走到我的身后，咕哝道："他就是不肯出浴缸。"

距离上次威尔伯在托儿所放学时哭闹已经一年半了。在过去的这段时间里，威尔伯进步很大，已经很少发脾气了。所以，我意识到，这次他这样发脾气，肯定不对劲。虽然我也不知道他到底是为什么才会这样。我看着我的先生麦克，他站在那里，高高大大的，就像一个壮实的山顶洞人。而威尔伯全身沾满了肥皂泡泡，湿淋淋的，像是一个可怜的小猩猩。

当务之急，我需要先让父子俩都冷静下来。

我蹲下来，靠在浴缸边上。我看着威尔伯的双眼，向他伸出了手臂。

但是威尔伯并不买账，他向后一躲，大哭着说道："爸爸是大坏蛋！"尽管看不到麦克，我也能感到他冲天的怒气。

"好啦，威尔伯！你想在水里多待一会儿是吗？"

听到这话，麦克像是看疯子一样看着我。其实，我并不是真的想让威尔伯继续待在浴缸里。我只是想快速拉近我俩之间的距离。不然，他可能会着凉或者滑倒的。我大脑里的蜥蜴和狒狒已经开始躁动起来了，但我还是尽力让自己的声音听起来轻松温和。经过上次的托儿所事件，我知道，只要能跟威尔伯建立联结，那么我就能很快让他安静下来。在过去一年半的时间里，我们都加深了彼此之间的了解。所以，这一次他肯定不是因为洗澡而闹脾气。对，一定另有隐情。只是现在，我还不知道原因到底是什么。

“好吧，妈妈知道啦。”（事实上，我真的不知道。）

“妈妈想让你先从浴缸里出来，太冷了。”（我几乎都能猜到，此刻威尔伯大脑里的猫头鹰宝宝开始思考了……嗯，确实有点冷。）

“让妈妈帮你出来吧。”

通常来说，这个时候威尔伯都会抱住我的脖子，接受我的帮助。可是，今晚，他没有这么做。他的眼睛睁得大大的，注视着我。他还是没有平静下来。

“好吧，”我用坚定的语气对他说，“让妈妈先把你抱出来，不然你可能会滑倒哟。”

“不嘛！”他又哭了起来，“爸爸是大坏蛋！”然后，他推了我一把。

很明显，威尔伯还是觉得很委屈，他握紧了他的小拳头。于是，我后退了一步。

“威尔伯，这可不对。”我的声音温柔又坚定，我必须先明确我的界限，“不能打人，宝贝。不管多生气，我们都不能打人。”

我看着威尔伯摇摇头。威尔伯听到了我的话，但他还是精神紧绷、双拳攥紧。现在浴室的地板上都是水，我很担心威尔伯滑倒，所以我决定再试一试。

“威尔伯，让妈妈帮你吧，告诉我你到底怎么了？”咔，威尔伯有反应了。

他的身体放松下来了。我乘胜追击，一把把他从浴缸里抱了出来，用大大的白色浴巾把他包裹住。我把威尔伯抱得紧紧的，一起坐在浴室的地板上。我身体靠在门上，尽量让他觉得安全和放松。我抱着威尔伯，轻声说道：“没事的。”就这样，我轻轻地呢喃，一遍又一遍。

他哭声减弱，开始抽泣，小小的身体也随之抽动。我们靠着门，坐了好久好久，像是过了一个世纪。我一直抱着威尔伯，前后摇着，一遍又一遍说：“没关系，没关系。妈妈保护宝贝，没事的。”

慢慢地，威尔伯停止了抽泣。我觉得时机已到：“宝贝，到底怎么了？来，告诉妈妈。”接着，大浴巾里传来一个小小的声音……

“圣诞老人说我只能要一个玩具。我跟他要好多好多玩具。可是他说如果这样，就只给我一件粉裙子！”

说着，威尔伯又哭号起来了，就像一只受伤的小兽，他的身体也跟着剧烈地颤抖起来。

我瞬间想起来了。

今天我们确实见过圣诞老人。我们和一对要好的夫妻约好，带着孩子们去拜访圣诞老人。威尔伯是四个孩子里年龄最小的。圣诞老人问他想要什么圣诞礼物，威尔伯兴奋地回答："我要好多好多礼物。"他的脸上洋溢着大大的笑容。他伸开双臂，比画起来。

圣诞老人却回答道："不行，小朋友。你不能太贪心。这样吧，我就给你一件女孩子穿的粉裙子吧。"

我清楚地记得圣诞老人说了这番话。当时乍一听，我也觉得有点不妥。我知道，威尔伯非常期待圣诞节。他诚实地回答了圣诞老人的问题。可是，这个圣诞老人不该这么跟孩子说话。当时还有其他朋友和孩子在场，我就没有直接跟圣诞老人沟通这个问题。对，我没有站出来帮威尔伯说话。实话实说，我很后悔我没有为孩子发声。因为，这些在大人看来鸡毛蒜皮的小事，在孩子眼中可能比天都大。如果你也遇到了这样的事情，不要担心，请直接为孩子发声。我们要让孩子知道，我们是可以保护他们的。

来，我们回到浴室。首先，我决定使用STOP SN-O-T翻转法——

• 停下来，先让我的猫头鹰来思考——审视全局……之后，再用威尔伯的视角看问题。

• 告诉自己，孩子不是故意的。孩子不是故意气我。这件事一定另有原因。

• 观察，如果另有原因，那么这究竟是为什么？

• 翻转，用威尔伯的视角来看问题。

一个不到五岁的小男孩被人责备了，而责备他的不是别人，正是备受爱戴的……圣诞老人。

孩子肯定很难承受这样的批评。

被圣诞老人批评了，威尔伯得多难受啊。这一整天，他都独自承受着这种压抑感。威尔伯感到了羞耻。这种情绪很常见。可是对于孩子来说，这是一种非常负面的情绪，孩子一般都觉得难以启齿。这也正常。想一想，成年人其实也不愿意跟别人分享自己感到羞耻的事情。而且，让威尔伯感到羞耻的不是别人，是圣诞老人啊。关键是，羞耻感并不会凭空消失。当威尔伯被其他事件刺激之后，他肯定会将这种羞耻感宣泄出来。于是，就出现了浴室里的这一幕。

我也不了解浴室里到底发生了什么……可能是他看到了大大的连帽浴袍，进而联想到了圣诞老人吧；也可能是麦克（一个成年男子）批评了他，让他想到了白天被圣诞老人责备的事情。不过，这时原因已经不重要了。

我们首先应该弄清楚“为什么”，之后再去思考“怎么做”。

我承认，我也没有想到这件事对威尔伯的影响会这么大。虽然当时我也觉得这个圣诞老人说的话有点刻薄，但是我真的没想到威尔伯会发这么大的脾气，大概是因为我没有从孩子的角度来看问题吧。

毕竟在我看来，这就是一个胖老头儿，穿着圣诞老人的衣服，疯疯癫癫地胡言乱语罢了。没错，有点讨厌，又有点疯癫。可是，威尔伯至于生这么大的气吗？

不过，我决定换位思考，当我试着代入威尔伯（一个四岁男孩）的视角来重新看待这件事时，我出奇地愤怒了。

“这个又老又臭的圣诞老人！”我大声说道。

威尔伯抬头看看我……

“他怎么这么大胆子！”我一边大笑，一边装作生气的样子。

威尔伯尽管脸颊上还挂着泪珠，也放声大笑起来。

他看着我。这一刻，我感到我们之间的联结变得亲密起来。从他的眼神中，我看出了他对妈妈的依赖。

我抱抱他，继续说：“这个圣诞老人，肚子那么大，脑袋瓜儿也那么大！”我大声喊着，“我要回到他那儿，扔了他的圣诞帽！”

随后，我又补了一句：“他肯定满身尿味儿！”

威尔伯一通狂笑，加入了讽刺圣诞老人的行列……

就这样，我只用了十分钟，威尔伯就从放声大哭变成放声大笑。

终于，危机解除。我看到麦克在浴室门口探头探脑，长舒了一口气。

他也很惊讶。哇！他到底是为什么发脾气啊？

我告诉麦克，现在没事了，具体原因稍后告诉他。终于，我们俩可以给威尔伯心平气和地讲睡前故事了。我们给威尔伯讲了很多令人讨厌的人和事。（对吧，其实我们在生活中也会遇到这种讨人厌的家伙！）

半个小时以后，我把威尔伯抱上小床。大哭大闹之后，他累极了，倒头就睡着了。麦克看到后，由衷地对我说："你太厉害了。我当时只想着跟我四岁的儿子干仗。我觉得威尔伯很淘气，故意不听话，挑战我的权威。如果我让着他，我就输了，以后他再也不会听我的话了……我跟你说，我当时就觉得，如果我现在妥协了，那威尔伯青春期叛逆的时候会更不听话。"

麦克告诉我，如果那晚我不上楼去帮忙的话，他估计会直接把威尔伯从浴缸中强扭出来。然后冒着滑倒的危险，把威尔伯拖到床上。父子俩两败俱伤，而麦克估计也会整晚懊悔，后悔自己不该对儿子发那么大的脾气……

"凯特，你看，我跟儿子耗了两个小时，而你只用了十分钟就搞定了。"

跟麦克一起复盘

当我看到孩子遇到潜在的危险时，我自己也会异常焦虑。比如，这件事里，我担心威尔伯可能会在浴室里滑倒或者撞到脑袋。我觉得我自己也很感性——就像凯特比喻的那样，我大脑里蜥蜴和狒狒也特别容易躁动。作为一个父亲，我的本职工作就是保护我的孩子们。如果他们不听我的话，我就觉得我没有做好自己的工作，我不是一个好爸爸，而是一个软弱的父亲。我觉得我也得学学凯特的 STOP SN-O-T 翻转法。如果我跟孩子们较劲，可能就会两败俱伤。如果当时有人经过，我猜他可能都听不出来，我们两个到底谁是爸爸，谁是儿子。STOP SN-O-T 翻转法确实很有用。我当时只想着威尔伯是被惯坏了，真不听话，可是我怎么也想不到，他竟然是因为圣诞老人而发脾气。在这件事中，我觉得其实不是孩子要跟我干仗，而是我要跟孩子“开战”。没错，我可以赢。可是，伤了父子关系，赢了又有什么用呢？

当我们知道孩子并不淘气时，我们可以更理解孩子。请控制住自己大脑里的蜥蜴和狒狒，尽量不要跟孩子较劲。相信你一定会见证奇迹的发生。

这就是沟通的力量。通过沟通，我们可以跟孩子建立亲密的联结，而这种联结永远不会消失，反而会越来越紧密。沟通的精髓在于：观察孩子，理解孩子的行为。同时我们需要思考，作为父母，我们可以怎么帮到孩子。

孩子并不是故意捣乱。我们要学会从孩子的视角看问题。在我们看来不值一提的小事，在他们看来就比天还大。孩子毕竟年幼，没有足够的人生经验和知识来理性地分析这些问题。比如威尔伯被圣诞老人责备后就感受到了羞耻，这种感觉一定很糟糕。

我们所有人，尤其是孩子，每一天都会面对无数挑战和困难。我们可能记不清每一天发生的所有事情，更何况是孩子呢！孩子还小，有时无法告诉我们到底发生了什么。如果孩子出现闹情绪或者哭闹的现象，请注意，所有的行为都代表着语言，事出必有因。

请把孩子的哭闹看作一种沟通方式，因为孩子只能用这种方式来跟我们沟通。我们应该学着体谅孩子，理解孩子（尽管有时候真的很难）。

通过关爱和理解，我们可以让孩子明白父母值得信赖。在遇到困难时，我们永远都在。哪怕是跟圣诞老人为敌。

相信我，父母给予孩子的爱，会让父母与孩子的关系更紧密、更持久。

给父母的小贴士

“红色代码”

经历这件事后，我决定发明一个新工具来帮助孩子表达情绪。作为母亲，我不能每时每刻都陪在他们身边。遇到困难时，这个工具可以帮助他们表达自己的感受。

当孩子感到不开心的时候，他们可以用这个工具来跟父母沟通。比如，孩子可能一时语塞，没法用语言来说清楚状况，那这套工具就可以派上用场了。比如，麦克斯推倒了威尔伯，或者一个圣诞老人批评了威尔伯。

上一章，我们学会了用肢体运动来帮助孩子释放压力。这里，我想给大家介绍一些语言上的方法。

回想当威尔伯被“圣诞老人”（注意，是加引号的圣诞老人）批评的时候，他还不到五岁，没办法用自己的话把这件事情说清楚。因为孩子的词汇量不够，加上他们的大脑暂时还不具备理性思考的能力，所以我们需要放低对孩子的要求。如果我们执意要求孩子说清楚，可能会事倍功半。因为孩子可能怕说错，反而会变得磕磕巴巴、瞻前顾后的。

所以，我需要让威尔伯知道，如果下次再出现类似的事情，他应该怎么表达自己的情绪。我觉得这套方法对克莱门西也有帮助。如果看到她气呼呼的，我也会让她用这种方法跟我沟通。

为了我的两个孩子，我自创了一套沟通小工具。直到今天，我们家的孩子还在使用这套工具。

我管这套工具叫“红色代码”。

首先，我告诉孩子们我们要一起玩个游戏。

“孩子们，如果你们上学时突然很想小便，但是又没法去厕所，这个情况下你想用什么颜色来表示呢？”

威尔伯和克莱门西不假思索地答道：“黄色！”

“那如果你俩感觉特别冷，用什么颜色呢？”“白色！”

“肚子饿用什么颜色呢？”“紫色！”

“如果你们今天过得特别开心、特别棒呢？”“金色！”

两个孩子都开心地咯咯直笑，热情高涨。

“那么如果你们生气的话，用什么颜色呢？”他俩异口同声地答道：“红色！”

于是，我借机说道：“孩子们，如果上学的时候有些事让你们不高兴了，可是你们又说不明白，你们可以直接说‘红色代码’！（当然，也可以是黄色/白色/紫色代码。）明确了事件的类别，爸爸妈妈就可以帮助你们了。如果不想马上说，我们也可以先回家，然后慢慢解决。”

从那以后，红色代码这个小工具就开始在我们家用起来了。比如，接孩子放学的时候，如果我看到他们不大开心，我会试探性地问问：“今天在学校过得怎么样啊？什么颜色呢？”他们也会训练有素地回答：“哦，我今天是红色。”（或者是其他颜色的代码。）起初，孩子们有很多的黄色和紫色代码。

威尔伯刚刚上学的前几天，他就反馈给我好多白色代码和紫色代码。这些都很好解决。

他也可能会跟我说：“妈妈，我今天是黄色代码。”

“哦！”我会笑着问他，语气温和，尽量不让威尔伯觉得不好意思，“宝贝，发生什么事了？”

“哦，没什么大不了的。我就是有点想尿尿，可是厕所里有人。”

很多时候，孩子只是想跟父母撒个娇。尤其是当他们觉得这些事情有点难为情的时候。所以，我也会回应威尔伯：

“嗯，是啊。听起来确实挺着急的。然后怎么样了？”

“哦，后来，我又找到一个空厕所。”

我也会及时跟进，让威尔伯思考：“如果老师在的话，你怎么向老师寻求帮助呢？”

如果孩子大一点儿，我还会问：“那如果下次再这样，你还会这么做吗？有没有什么改变呢？”

这样的问答，可以让孩子不再害怕向成年人求助，也可以让孩子学会独立思考。长大之后，他们也可以试着去独立解决学校里发生的各种情况。

我们都最喜欢金色代码，因为这意味着全家可以一起庆祝了。“妈妈，我今天在学校做扫除的时候表现特别好！”（太棒了！）

很快，我们家用的最多的颜色代码是红色代码。

渐渐地，孩子可以对我敞开心扉，不再有所顾虑。他们会直接告诉我，今天是红色代码。而我则会尊重他们的意见，询问他们是不是想在回家的路上跟我聊一聊。如果他们不想，我也会晚些时候再跟他们进行沟通。

如果你平时工作很忙，那这套工具很好用。有了它，你可以跟孩子更高效地沟通。你们可以一起给一张书签或者车票涂上相应的颜色。睡觉前，你可以跟孩子一起讨论这个颜色所代表的情绪和事件。或者，你在校门口接孩子的时候，他们可以直接晃一晃颜色卡，就像足球裁判出示红牌一样。这套工具可以辅助父母与孩子沟通，并且有助于解决问题。

如果孩子不想马上聊也没有关系，晚上临睡前他一定会愿意开口谈谈的。因为孩子有时候会有点不好意思谈论自己的感受，所以当父母“看不到”的时候，他们更愿意倾诉。于是，汽车后座、床上……在这些地方，他们会更愿意讲讲自己的事情。

各种颜色的代码都很好用。可是对付孩子闹脾气，最有用的当属红色代码了。

克莱门西通常会这样使用红色代码。

克莱门西：“妈妈，我今天是红色代码。”

我：“哦，克莱门西，怎么了呢？”

克莱门西：“杰迈玛没有邀请我参加她的生日派对。”

我：“哦，亲爱的，这确实挺让人不高兴的。”

我们人类都是群居动物，孩子当然也希望自己合群了。记得，孩子所有的情感都来源于自身的生存本能。

所以，当孩子感到被排挤时，她会非常难受。虽然在我们成年人看来，没有被邀请参加生日派对好像也不是什么大事，但是对于孩子来说，她可能会有更深层的感受——被排斥、不合群。所以，当孩子感到被排挤时，我们做父母的千万不能掉以轻心。我们要学会换个角度看问题，试着去理解孩子的感受。

于是，我停顿了一下，说道：“你知道吗？最近我也遇到这么一件事。”

克莱门西立马坐直了。“妈妈，你怎么了？”

我的大脑迅速地思考着："哼，我的同事莎拉邀请了所有人去参加她的派对……偏偏没有请我。"

克莱门西："那你怎么办呢？"

我："我就一个人去厕所隔间里待了一会儿，让自己静静地难过了一下。后来，我想可能也有其他人没有被邀请。我就觉得好多了。反正我也可以跟其他朋友一起聚会，而且我也可以回家跟你们两个开派对啊！"

克莱门西紧皱的眉头舒展开了。她舒舒服服地躺下，认认真真地想了想我的故事。然后，她要我给她再讲几个"妈妈的故事"。我感到她的身体慢慢放松下来了。几分钟后，她熟熟地睡去了。她现在可以安心地睡觉了。

因为她知道自己什么也没有做错，而且不管遇到什么麻烦和困难，妈妈都会陪在她的身边，照顾她，安慰她。她发现，不管在外面合不合群，家永远都是她的避风港。

这，就是沟通的艺术。

♥ ♥ ♥

当孩子无法用语言来描述自己的感受时，我们可以使用这种红色代码工具来帮助他们跟我们沟通。孩子可以直接说红色代码，也可以像裁判一样直接举起红色牌子，这有助于我们了解情况。

这个时候孩子通常遇到了困难。他们脆弱无助，需要父母的关怀和支持。我们可以问一些开放性的问题，鼓励孩子向我们倾诉……不需要勉强孩子主动开口求助。（毕竟，我们都不擅长开口求别人，对吧？）

每次，我都会认真倾听（不管他们的困难在我看来有多么微不足道），然后设身处地地为孩子着想。我会鼓励他们跟我分享他们的感受，讲述发生的事情。这样，他们大脑里的神经节开始联结，连点成线。

你看，使用红色代码工具还可以促进孩子的大脑发育。

咱们当父母的，为的不就是这个嘛。

猫头鹰智慧锦囊

- 孩子可以通过自身的行为来与外界进行沟通。
- 年幼的孩子不具备相应的语言能力来表达自己的感受。所以，使用红色代码工具可以帮助他们更好地说出自己的感受。放心，用对了方法，孩子一定会告诉我们他们的感受的。

8

如何教孩子树立边界意识？

知道得更多，就可以做得更好。

——玛雅·安吉罗（美国著名诗人、传记作家、民权运动家）

“如果威尔伯淘气的话，你会把他关‘小黑屋’吗？”一个四岁的小女孩问我。

“不，亲爱的。他不会被关‘小黑屋’的。”

“那你怎么办呢？”

问得好。

小朋友的大脑里有一只不成熟的狒狒，他刚刚开始发育，跌跌撞撞地尝试。每一天都是崭新的，每一次尝试都是崭新的。不可避免的是，孩子会犯错误。作为父母，我们需要为孩子示范正确的行为。同时，我们也需要明确边界，告诉孩子哪些行为是不能被接受的。

我们应当在他们成长的旅途中陪在他们身边，而不是在成长的过程中惩罚他们。

把孩子关在房间里只会给孩子传达两个信息：

1. 当孩子生气时，爸爸妈妈并不会帮助他。

2. 一人独处是一种惩罚。

让孩子孤身一人在房间里，独自处理自己的大情感是不明智的。孩子并不能独自学会调节情绪。

通常，孩子可能会大声抱怨、大发脾气，做出一些叛逆的行为（或者大人们认为是淘气的行为）。或许，他们会安静地待着，压抑自己的各种情绪和感受。当我们把自身的情绪和大情感压抑起来的时候，它们并不会凭空消失。相反，它们会一直留在身体里。还记得吗？当我们感到愤怒、恐惧或者失落时，我们的身体会出现应激反应。如果我们选择压抑自己的情绪，并没有学会如何处理这些应激激素，它们就会一直留在我们体内。伽柏·玛德博士曾经提到过，如果幼年时经常压抑自身情绪，成年后罹患各种疾病的概率会更高。他说："你可以这么想，当我们把情绪压下去的时候，我们就是把它们直接摁下去了，就像开车的时候踩离合器踏板一样。如果不够关注自身的感受……我们会变得更有抑郁倾向。"

如果我们没有及时解决这些负面事件，我们的大脑会将这些经历存储在狒狒的记忆库里。这些经历会像巨石，一点儿一点儿把我们压垮。一九五一年，精神病学家、心理学家约翰·鲍尔比就曾经指出：“时间并不能冲刷掉早期经历给孩子带来的各种不良影响。相反，这些童年经历会在孩子长大成人后持续不断地对孩子产生影响。”

大脑的奥秘

当我们关孩子禁闭的时候，会让他们认为独处是一件不好的事情。这也是为什么现代社会，大多数人无法独处。人们会用各种各样的方式让自己感觉不那么孤独，比如电视、电子游戏、食物、酒精、香烟……

——丽莎·艾丽（心理治疗师）

惩罚孩子坐“淘气凳”也有同样的效果。

不要再让孩子坐“淘气凳”了。我们需要摒弃这个办法。“淘气凳”或者“关禁闭”都会让孩子产生羞耻感——我们需要尽量避免让孩子产生这种情绪。

人们都喜欢被鼓励，都喜欢得到别人的支持。我们大脑里的狒狒也需要归属感。

当孩子犯错或者行为不当的时候，使用上述的惩罚手段可能短时间内的确有效。可是长远来看，孩子可能会产生怨恨或者恐惧的情绪，进而影响我们与孩子的关系。

这里，我要再次强调：我并不是主张完全放养，要家长朋友们对孩子言听计从。完全不是。我们都不想做一个让孩子牵着走的家长。这样的家长对孩子所有的要求言听计从，放任小狒狒为所欲为。想一下我们在商场里遇到过的满地打滚儿的孩子，你一定知道我的意思。无论从家长的角度还是孩子的角度来讲，这样的育儿方式都百害而无一利。

放养长大的孩子往往没有边界意识，并不能很好地适应未来。心理治疗师丽莎·艾丽曾经向我解释说："家长如果不管，孩子长大了可能会为所欲为。因为，没有人为他们划定各种边界。"但是，惩罚孩子一个人坐"淘气凳"或者"关禁闭"也不能帮助孩子明确边界。

所以，放养式育儿和惩罚式育儿都不可靠。我们不能靠惩罚孩子或者羞辱孩子来让孩子进步，我们也不能放任孩子为所欲为。那么，我们到底应该怎么做呢？

我们应该鼓励孩子，帮助孩子，让孩子跟我们共同面对问题。

给父母的小贴士

契约、边界和后果

现在，我给大家介绍三个简单实用的小工具。在育儿的道路上，我们可以用这些工具来武装自己，让自己和孩子都变得更好。

1 契约　　2 边界　　3 后果

这三个工具可以单独使用，也可以合并使用。通过这些小方法，孩子可以清楚地知道自己的行为是否恰当。

1. 契约

在从事心理咨询工作时，我通常会在一开始跟孩子们定一个咨询契约。在第一次咨询时，我和孩子们共同讨论，把我们双方都需要遵守的一些事项列在契约里。比如说：

- 守时
- 严禁打人
- 确保自身安全
- 游戏之后收拾咨询室

根据实际情况，这个清单可长可短。

通过这个咨询契约，我和孩子可以明确双方应当遵循的边界。之后，如果任何一方有越界的行为（比如，如果咨询的时候我迟到了，或者孩子游戏之后不想打扫咨询室），我们都可以对照这份契约来约束对方的行为。同时，这份契约也可以确保咨询师和孩子的身心健康。

在日常生活中，我们也可以使用这个小方法。我们可以跟孩子们一起探讨，共同制定家庭契约。这个过程可以是轻松有趣的，也可以是充满创意的。家庭契约可以帮助我们认清哪些事情对我们更重要。

制定好家庭契约后，所有家庭成员需要认真阅读并且签字。我们需要跟孩子讲清楚各种行为的边界。这也会让我们的养育之路更加轻松。在家庭契约里，我们需要明确、清晰地写清楚我们期待的行为。通过鼓励正向的行为，孩子也会更加努力、更有动力。

制定家庭契约，你需要用到：

• 一大张纸

• 蜡笔 / 签字笔 / 颜料

• 亮粉、胶水、纽扣……

（你可以发挥创意，用各种你想到的材料！）

你也可以给家庭契约起其他的名字，比如家庭合约、家庭合同，等等。名字不重要，重要的是，这份契约需要所有人共同制定。

我们不仅可以在育儿中制定家庭契约，在处理亲密关系时也可以使用这个方法。这份契约并不固定，每隔几周，我们都可以重新读一读。根据这几周的一些重要事件，补充一些重要的条款。

在我们家，我和麦克在孩子们稍大一点儿的时候就使用了这个方法。（当然，如果你的孩子比较小，你也可以学着孩子说话，模仿他们的声音，替孩子表达观点。）

我们把威尔伯和克莱门西叫到了一起，询问姐弟俩："对于我们家来说，有哪些事情比较重要？"我们尽量保持语言简单易懂，确保孩子们能听明白。"好啦。现在我们一家要做一件有意思的事情：现在我们轮流发言，说一说在我们家，有哪些事情应该做到。"

之后，我们轮流发言，各抒己见。

首先，我的先生麦克认为守时很重要（毕竟，麦克是军人出身）。他告诉孩子们，他也不想在孩子们上学迟到的时候变成一只生气的大狒狒。他希望可以像一只聪明的猫头鹰，跟孩子们欢声笑语，一路游戏着去送他们上学。孩子们听完都咯咯地笑了。他们也更喜欢有趣的爸爸，不喜欢生气的爸爸。所以，麦克说完，在纸上画了一个大大的时钟，并且注明"早晨九点上学"。之后，他让孩子们为时钟的指针涂上了颜色。

我在意的问题是关于家庭卫生的。我不喜欢孩子们直接拿小脏手在墙上摸来摸去。于是，我就在纸上贴了几粒纽扣，代表不要在墙上乱摸。

克莱门西思考一会儿，补充道："威尔伯不可以随意进入我的房间，不能把我的房间弄得乱七八糟。"她画了一堆乱糟糟的线条，并且用笔在上面画了一个大大的叉。

轮到威尔伯了，不出所料，他的条款与《星球大战》有关。威尔伯希望我在早晨送他出门上学前，能跟他多玩一会儿"打仗游戏"，有更多"妈妈陪伴时间"，我当然愿意听从了。

整个讨论过程轻松有趣，是一次有意义的经历。

我们把这次制定的家庭契约挂在了冰箱上。在之后的几个月里，我们经常会去参照这份契约来处理一些家庭问题。后来，经过一段时间，我们已经形成了习惯，不需要去看这份契约了。当然，你也可以根据自己的喜好，把这份契约放在其他地方，比如抽屉里。我们也可以随时对契约里的条款进行修改或者补充。

请记得，一定要与孩子共同讨论契约，这个过程应该是轻松有趣的。我们不是把自己的意愿强加给孩子——这是一份家庭契约。

一家人一起制定家庭契约是非常有趣的。家庭契约也非常有用。当孩子调皮捣蛋的时候，我们不需要大发雷霆，让自己大脑里的狒狒控制自己；也不需要扔掉手中的毛巾，对着楼梯上的孩子大喊："别叫啦！"请用聪明的猫头鹰脑来思考，利用家庭契约来约束孩子的行为。

家庭契约是全家集体讨论，并且一致通过的。我们可以把契约贴在家里某个显眼的位置。它既可以提醒家庭成员们使用正确的言行，也可以让成员们的联结更紧密。当然，我们也可以邀请其他家庭成员加入讨论。比如，我们可以邀请爷爷奶奶、叔叔阿姨或者其他监护人一起讨论制定家庭契约。通过这份契约，全家人可以在育儿上达成一致。

最后，再补充一点：家庭契约不是什么新东西。早在几千年前，部落社会就已经使用过这个方法了。当然，当时的人们不是用亮片和白纸制作契约的。但他们也是经过了集体讨论和深思熟虑，达成了一致的、需要遵守的合约。这份合约可以是书面的，也可以是口头的。在制定家庭契约时，我们应当使用符合孩子年龄段的语言。随着孩子长大，我们也可以做出相应的调整。

2. 边界

在育儿过程中，明确边界非常重要。我们需要告诉孩子哪些行为是合理的，哪些行为是不能被接受的。就像社会运转需要明确的道德准则，便于人们知道哪些事情可以做，哪些事情不可以做一样。在家庭中，我们也应该为孩子明确边界：一方面，告诉孩子哪些行为是被鼓励的，同时为孩子做出良好的示范；另一方面，让孩子清楚，哪些行为是被禁止的。

边界就像一个隐形的原力场，为我们的家庭织起一道界线。因为边界，一家人可以更愉快地相处。

哦，听起来有点像《星球大战》里的尤达大师的原力场啊？

嗯，确实有点像……

这些边界就像是原力场一样，告诉我们哪些事情可以做，哪些事情不能做。

家庭契约越早建立，对孩子的效果就会越好。有了明确的边界，孩子会更努力地做好自己，让父母满意。因为人们都需要归属感，都希望得到他人的认可和肯定。

一家人在一起讨论一些重要的事情，也有助于增强家人之间的关系纽带。边界意识就像胶水一样，将一家人紧紧地凝聚在一起。通过这些小工具，你会发现：孩子想要跟父母在公园里多玩一会儿，想要更多的亲子时光；你的伴侣希望跟你分享他的烦心事或者多一些共处时光。无论是家庭契约还是明确边界，都需要一家人敞开心扉，开诚布公。这本身是大有益处的。

3. 后果

简单来说，后果就是要孩子知道，所有行为都是需要承担后果的。

举个例子：

如果我打了弟弟，弟弟就可能会受伤。

如果弟弟站在楼梯上，我去推他，他可能会受伤住院。

如果我不收拾玩具，其他人可能会被散落的玩具绊倒。

孩子需要学会独立思考，明白自己的行为会有相应的后果。这样，他们大脑里的猫头鹰宝宝才会成长为一只聪明的猫头鹰。五岁以内的孩子可能没有因果关系这个概念，但是我们还是要教给他们这个道理，告诉他们各种行为会有什么样的后果。

例如，放学路上，我们可能跟孩子有这样的对话：

“威尔伯，我们一起来想一想，回家之后我们要做哪些事情。首先，我们干什么呢？”

“我们先把鞋子脱下来，然后整齐地收起来。”

“超棒！然后干什么呢，克莱门西？”

“我们得把书包放好。然后准备洗澡！”

“回答正确！如果你们这一步做到了，妈妈会奖励你们什么呢？”他们俩异口同声回答说：“跟妈妈一起玩！”

你看，我们可以用孩子的语气教给他们这个道理。生活中，万事有因皆有果。这不是惩罚孩子，而是帮助他们学会独立思考。通过明确因果关系，孩子大脑里的聪明的猫头鹰才可以茁壮成长。明白了自己的行为有各种后果的时候，孩子才会更配合父母，而不是跟父母对着干。

当契约被打破

家庭生活肯定不是一帆风顺的。建立契约，明确边界肯定也不是一夜之间就能完成的事。那么，如果孩子没有遵守契约怎么办呢？

我懂，孩子不听话确实很让人头痛！感到困扰的并不是只有你一个人，千千万万的父母都有这样的困扰。那么，当我的孩子不听话时，我会怎么做呢？

首先，冷静，后退一步，重新用孩子的视角来看问题：孩子的大脑里有一只小狒狒。当狒狒玩得开心时，他们才不会管爸妈有什么要求呢。这个时候，他们会把所有的契约、边界和各种规矩都抛到一边，他们只想专注地玩。

这个时候，不要沮丧，我们需要跟孩子建立联结。这样，孩子才可以听到我们、看到我们。当狒狒玩到失控的时候，确实很难让他们停下来。所以，我们需要用到下一个小工具：

给父母的小贴士

双赢法

来，一起看一个经典的家庭场景：

下午五点半（一个魔幻的时间），下午茶已经结束了，但是还没有到睡觉时间。一般这个时候，我会先让孩子们吃晚饭。然后给他们洗澡，让他们慢慢地安静下来。我会和孩子们一起窝在床上，给他们读几个故事，做好睡前准备。

当然，这只是理想情况。现实，往往比较残酷。可能是这样：

我已经累得筋疲力尽了，可是孩子们却还是异常兴奋，精力无限。

这个时候，他们都出奇地有精神（尤其是我的儿子威尔伯），他们需要释放自己过剩的精力。他们就像两只小狒狒一样，在家里追逐打闹，跑来跑去。一开始，我命令他们停下来。“别乱跑啦！”我冲他们大喊。之后，我又开始后悔。毕竟孩子们只是想开心地玩一会儿，我也不喜欢吼孩子。每当我大吼大叫的时候，我都觉得自己像只暴怒的大狒狒。

于是，我决定冷静下来，深呼吸。然后，我蹲下身子，面带微笑，平静地跟两个孩子说：

“孩子们，来，看着我！”我的声音听起来很搞笑，就像唱歌一样。

这样，可以迅速抓住孩子们的注意力。他们一起看向我。

我蹲下来，让他们看着我的眼睛。

就这样，我跟孩子们成功建立了联结。

我可以不做一个声嘶力竭、气急败坏的妈妈，我也可以很有趣、很贴心呀！

“好啦，孩子们。我知道你俩现在玩得特别开心，但是（这个时候，请告诉孩子们后果），妈妈有点害怕。为什么呢？因为你们在楼梯上跑来跑去，我怕你们摔倒。所以，我很害怕。我们要不要一起约定一下？”

小狒狒们被这个提议吸引了。他们大脑里的聪明的猫头鹰开始快速思考。

“我们再开心地玩五分钟，然后去洗澡，怎么样？”

过往的经验告诉他俩，如果他们不同意，就可能会得不到自己想要的东西……于是，他们同意了。他们自己可能不知道，这个约定对我们来说是双赢的。

“我们可以去外面玩——想喊多大声就多大声。或者我们去公园里跑两圈？再或者做二十个开合跳呢？”（你也可以提议做一些其他适合他们睡前做的活动。）

注意，我并不想让孩子们玩得太过兴奋，再次打满鸡血。这时，玩耍需要适度。我曾经用过一个旧的、用来煮鸡蛋的计时器来给孩子们计时。你需要告诉孩子，这会儿只是玩一小会儿。比如，他们只可以玩五分钟，之后就得睡觉了。

如果公园离家比较远，那么我们就放弃这个选择。我们可以陪孩子一起到户外走一走，或者做二十个开合跳，放松一下。但是一定要明确一点：五分钟之后，孩子必须回家洗澡刷牙，然后上床睡觉。我们这么做只是为了给孩子“放电”。

首先跟孩子建立联结，然后跟他们在口头上达成一致。跟孩子达成一致之后，父母也会觉得更轻松。

花五分钟时间，陪孩子一起玩一玩、一起喊一喊也是一种不错的体验（回忆一下之前我讲过的几种解压方式）。这不就是一种双赢嘛。

我的孩子们都很喜欢跟妈妈一起疯。之后，他们也会心甘情愿地回来洗澡。因为洗澡的时候，我也会陪他们一起继续玩耍的。

对我而言，忙碌了一天，做完晚饭，也需要这样一个轻松的方式和孩子建立联结。同时，我也需要这个时间来放空我的大脑。

以上，都是这个方法进展顺利的情况。

那么，如果孩子不遵守约定，还想继续玩呢？

我们可以蹲下来，平视孩子。请平静但又清晰地对他们重复这个约定。

“好啦，看看时间，我们已经玩了五分钟了。你们说好的，玩完了就去洗澡。”

还有一个小技巧。我们可以跟孩子说：“要不要和妈妈比赛，看看谁先跑到浴室呢？”

孩子都喜欢比赛。这样，他们大脑里的小狒狒会突然产生一种很强的好胜心，想跟父母一较高下。

如果你表现得轻松幽默，而孩子却不买账，那就直接明确立场。不需要大吼大叫，也不要居高临下。你只需要坚定又冷静地强调：

“我们说好了的。如果你不能遵守约定，我们一会儿洗澡的时候就不能一起玩了。”

我们需要教给孩子边界和后果这两个概念。如果孩子可以静下来，认真听我们说话，那么可以继续跟孩子商量。我们也可以继续使用双赢法。孩子同意后，他们也会尝到甜头的。

但是，如果他们不同意呢？别慌，我还有最后一招：

给父母的小贴士

安抚椅

如果我们用尽浑身解数，而孩子还是不买账的话，试试安抚椅吧。

听起来是不是有点耳熟？

不，不是“淘气凳”，是安抚椅。

跟“淘气凳”不同，安抚椅不是一种惩罚。当孩子无法控制情绪的时候，我们可以要求他们坐在安抚椅上。但是，父母需要一起陪着孩子。

注意：父母必须陪着孩子，不可以把孩子直接拽到椅子上，命令他冷静一会儿。我们必须陪着他。如果孩子情绪激动，请抱紧孩子。我们可以跟孩子坐在一起，一起冷静下来。

这个时候你不用想话术模板了。充分调动你大脑里的聪明的猫头鹰，顺应自己的内心来跟孩子沟通。

我们可以反复地跟孩子说：“没关系的。爸爸妈妈理解你（尽管你暂时也无法理解）。”

“爸爸妈妈会帮助你的（尽管你可能也不知道怎么帮）。”

“没关系的，哭出来吧。”

我们可以重复一个动作。比如，抱着孩子摇一摇。这样孩子大脑里的蜥蜴也会慢慢地平静下来。这样的重复性动作可以帮助孩子自我疗愈。

肢体的安抚不仅可以帮助孩子自我疗愈，还可以让孩子更信任父母。就像将混凝土注入钢筋里一样，我们的言行可以让孩子更强韧。未来，孩子情绪失控的次数也会变得越来越少。

请记得，安抚椅不是一种惩罚孩子的手段。

安抚椅适用的场景如下：

• 你有几个朋友要来家里玩，可是孩子却情绪失控、不听话时

• 你自己已经变成了失控的狒狒，手足无措时

• 当其他人都很安静，而你也需要让孩子安静下来时

……

掌握安抚椅这个育儿技巧需要时间。只要勤加练习，我们会用得越来越好。父母需要有爱心、有同理心、有同情心。随着我们不断练习，孩子也会越来越信任我们。每当他们遇到困难的时候，他们都知道，爸爸妈妈可以帮助自己。用好安抚椅，我们可以很快帮助孩子停止哭闹。相信我，这个办法比暴力惩罚孩子有用多了，你会发现孩子变得越来越听话，也越来越想好好表现。

跟麦克一起复盘

我童年时期是在英格兰的东北地区长大的。那个时候是二十世纪七十年代。当时的主流观点是，如果孩子一哭，父母就让步，就把孩子惯坏了，而且这样长大的孩子也是软弱无能的。软弱无能的父母才会这么做。如果我们经常顺着孩子的心意，他们长大后也更容易出现心理问题。

但现在，我已经完全不这么认为了。

真正强大的父母，从来不会把自己的意愿强加给孩子。他们会倾听并且理解孩子。他们养大的孩子行为得当，也会与人合作。之前我总觉得不能让孩子得逞，现在我却经常鼓励他们要自信，要勇于表达自己。当他们有自己的想法时，我会鼓励他们大声说出来。就像我太太凯特说的，我们得教给孩子如何像聪明的猫头鹰一样来思考。这样长大的孩子情绪调节能力会更强，也会更擅长做出各种决定。这样，我们就可以培养出自信阳光的孩子。

关于打孩子

最后，我想讲一讲我对打孩子的看法。

我反对一切形式的打孩子行为。我反对对孩子使用肢体暴力。原因有三：

1. 打孩子会打破我们和孩子之间的纽带，影响亲子关系。

2. 打孩子的父母自己就不会调节情绪。他们不懂如何言传身教，为孩子示范正确的行为。

3. 打孩子会让孩子觉得打人是对的。这样，孩子以后也会出现攻击性行为。

我知道，有时候我们会被孩子逼到忍无可忍，真的忍不住动手。我记得之前我参加过一次家长会，有一个父亲对我说："我就是从小挨打长大的。我觉得没什么问题，我也没受什么影响。"

我温柔地问他："那现在回想一下，您当时挨打的时候是什么感受呢？"

他不假思索地说："我当时觉得很羞耻。"

打孩子不仅会伤害孩子的身体，也会伤害孩子的感情。之所以会伤害孩子的感情，是因为挨打之后他们会产生愧疚和羞耻的情绪。

如果孩子在童年时期经常挨打，他们长大以后也会经常被负罪感和羞耻感包围。如果你觉得自己经常控制不住自己的怒火，可以读一读本书的第十四章。我们应该多吸收正能量，从而更好地调节自身情绪。我理解，我们常常会不自觉地模仿我们父母的育儿方式——我们自己是被怎么带大的，我们也会怎样带自己的孩子。但是很庆幸，你已经读到了本书的这个章节，相信你已经有了做出改变的能力。不打孩子，对你和孩子都好。

关于打孩子这个话题，我还采访过婴幼儿心理学家苏珊·泽德克博士。她生活在苏格兰东部的港口城市敦提。苏格兰也是英国第一个立法禁止打孩子的地区。

她说："在咱们国家的文化里，我们一直都认为打孩子没什么问题。在英国，打孩子是一种教育孩子的手段。大家都觉得，孩子疼了自然就学乖了。但是科学研究表明，打孩子的影响远比我们想象的要严重得多。首先，打孩子会影响彼此的信任。孩子会认为自己深爱着的爸爸妈妈不值得信赖。因为，爸爸妈妈会体罚自己。同时，孩子也会觉得爸爸妈妈的情绪不够稳定，对生活产生恐惧感。由此产生的压力也会影响孩子的生理发育。"

也许你是第一次听说泽德克博士的这些观点，也许这和你之前的理念大相径庭，但是，请你拿出勇气，拥抱科学。父母能给予孩子很多珍贵的东西。其中，最重要的就是让孩子知道——无论发生什么，无论遇到什么困难，爸爸妈妈都是情绪稳定的大人。

我们都忘了，孩子其实是希望让父母满意的。孩子希望跟父母亲密无间，并肩作战。孩子从来不想跟父母作对，也不想故意调皮捣蛋。很多情况下，他们只是太小了，没有办法正确处理压力。记住，你的孩子并不淘气。他们也不是故意要惹你生气。想想看，一只小狒狒干吗非要长成一个愤怒的成年人呢？

猫头鹰智慧锦囊

- 首先，孩子需要明确哪些事情是不可以做的。我们可以发挥创意，跟孩子一起制定家庭契约。
- 要让孩子知道自己的各种行为是有后果的。这样，他们大脑里的猫头鹰宝宝才可以茁壮成长。
- 我们不需要惩罚孩子。“安抚椅”和“双赢法”都比打孩子更有用。
- 我们可以帮助孩子学会如何处理情绪，帮助他们培养自己的聪明的猫头鹰。长大后，孩子也可以独立地处理情绪。同时，孩子会明白原来不用哭闹也可以跟人沟通。
- 明确边界、和谐互助可以让我们和孩子成为亲密的队友。只有当孩子感觉自己被重视、被倾听的时候，他们才会更好地听爸爸妈妈的话……

那一天值得庆贺。这是你们全家的胜利！

9

为什么别给孩子贴“淘气”的标签？

与其治愈一个饱受创伤的成年人，

不如直接培养一个坚强的孩子。

——弗雷德里克·道格拉斯（美国社会改革家）

沟通和积极行为都是相互的。

为什么这么说呢？如果我们总是否定孩子、责骂孩子，你觉得他们会乖乖配合我们吗？

你可能会想：骂孩子……我怎么可能骂孩子呢？

认真回想下，有些对孩子说的话，你会对朋友说吗？

“你疯了吧！”

“别这样，爱哭鬼。”

“你可真难搞！”

“你好奇怪。”

还有，最经典的一句——“你怎么这么淘气呀？”

别以为对孩子说这样的话没有关系，他们会记住这些负面语言的。这些语言会让孩子产生羞耻、尴尬以及愧疚等直击内心的负面情绪。很多时候，我们自己可能意识不到我们在打击孩子，可是孩子大脑里的狒狒会听进去我们的话，并且狒狒会把这些负面的语言记录在自己的“记忆库”里。随着这些负能量的积累，孩子终将不堪重负。还记得威尔伯和那个圣诞老人的故事吗？当圣诞老人批评威尔伯的时候，他感到了羞耻，之后一直被羞耻的情绪笼罩。最终，他在晚上洗澡的时候“爆发”了。

心理学里有个术语叫“消极偏见”。简单来说，人们通常关注负面信息多于关注正面信息，所以，我们总是更“记仇”一些。比起别人的夸奖，我们更容易记住那些消极的评价。

所以，家长朋友们，请在带孩子的时候记得“消极偏见”这个概念。

设想一下，如果你的伴侣或者好友整天都给你灌输这些负能量的话，你会怎么想呢？如果别人天天说你是个“疯子”，说你“难搞”，你会有什么感受？如果你所有的想法都被人拒绝，如果你被人家说很“笨”，怎么办？

你还记得小时候，你的父母是怎样跟你沟通的吗？他们是不是也经常打击你呢……

这些负面的标签挥之不去，负面的语言也会造成伤害。

在我参加心理咨询师培训的时候，我们小组做过一个有趣的活动。我们每个人都将一张标签贴在了自己胸前。不过，我们自己看不到自己标签上写了什么。这些标签的内容五花八门，有“万人迷”“幽默”“小丑”“神经质”“爱欺负人”“天才”“善良”等。

我记得，当时我胸前贴的标签是“神经质”。活动中，我们所有人假装一起参加一场派对。我们需要根据他人胸前的标签来与他们互动。当我的同事跟我聊天时，我发现一个有趣的现象。他们所有人看起来都有点担心我。他们会皱起眉头，担忧地问“你还好吗？”或者“一切都还好吧？”。我回答：“我很好。”可是他们还会继续追问：“你确定吗？”

一开始，我觉得很困惑，不明白他们为什么要这样小心翼翼。同时，我也有点不高兴，我感到被冒犯了，我又没毛病。我想要反抗，直接怼回去：“别问我是不是还好了！”别人越是担心我不好，我就越努力表现得开心。我故意提高音量，让自己听起来很快乐——“我很好啊！”我还试图岔开话题，聊点别的，但是我的同事好像就是认定了我是个“神经质”。我讨厌被人家这样“贴标签”。不过，很快我就放弃了。只过了五分钟，我就反问自己：反抗有什么用呢？干脆不管了，顺着他们来。既然别人担心我，我干脆就如他们所愿。“唉，确实，我感觉糟透了！”没错，其他人确实都在等着这句话。一想到这里，我忍俊不禁，直接将错就错，顺着他们演呗。

你看，短短几分钟，我就变了一个人。而且，我发现我对其他人的态度也有变化。有一个同事拿到了“爱欺负人”的标签。不出所料，所有人都开始孤立她了，我们都不愿意搭理这个同事。尽管你可能觉得这听起来真的很不可思议，但是在当天的情境下，我们确确实实地根据标签来区别对待她了……我们会自然而然地默认她难相处、爱欺负人。后来这个可怜的女同事跟我说，她的感受跟我一模一样。一开始，她也想努力反抗，甩掉这个标签，但后来还是放弃了，因为被其他同事排挤，她感到既生气又伤心。

这个活动其实是为了让我们这些即将成为心理咨询师的人明白一个道理——在治疗时，我们不能先入为主地给任何一个孩子“贴标签”。这个活动发人深省，让我们每个人都开始反思：究竟自己在日常交往中有没有给他人贴标签？在照顾孩子的过程中，我们有没有像其他人一样，给自己的孩子贴标签？

我们要学会“看到”孩子真实的样子。消极的语言会让人产生消极的想法，而消极的想法会导致消极的行为。不要给孩子贴上那些负面的“标签”，不然孩子可能真的会“如你所愿”的……你反复给孩子灌输的观念，会影响他们的自我认知。还记得苏珊娜·泽德克博士关于羞耻感的理论吗？“现代科学的进步让我们意识到：原来孩子对于自我的认知来自周围人对他的看法。如果周围人每一次都认真地回应孩子的需求，那么孩子也会认为自己是值得被爱的。他们会觉得自己很重要，这些积极的信念可不仅仅只是大脑里的认知，这些信念也影响着孩子的大脑发育和身体发育。这就是我们都说‘羞耻感能渗透进身体里’的原因。如果我们心中对于自己的价值产生了动摇，那么我们的身体也会随之动摇。作为父母，没有人愿意自己的孩子带着羞耻感长大吧？所以，请重视孩子的情绪，让他们感受到自己的价值。”

我们如何跟别人谈论自己的孩子、如何跟自己的孩子认真对话……这些都非常重要，会对孩子产生深远的影响。

积极的语言

当孩子表现好的时候，请真诚地夸奖孩子。不用担心，这并不是对孩子的一种施舍。相反，如果孩子因为表现好获得了父母的夸奖，他们会更愿意去重复这些积极的行为。我们需要向孩子好好解释他们哪些地方做得好，孩子了解之后也会做得更好。

父母是孩子的领路人。请善用积极的语言，这样你和孩子都会进入一种正向的循环。

“啊，克莱门西，你做得真好。你刚刚跟弟弟分享了东西，这个行为特别好！”

这里请注意：

请夸奖孩子具体的行为，而不是简单地夸孩子。

比如说，这个行为很“善良”或者“不善良”，尽量对事不对人。我们不希望孩子因为自己的个别行为而对自己产生错误的认知，所以我们要夸奖孩子具体的行为。孩子不会不善良，但他的某些行为可能会。

这里，SAS 特种部队育儿法也很好用：

S——说出你看到的情况：“我看见你刚刚打了弟弟。这么做不太善良。”

A——跟孩子确认他的感受：“我感觉现在你也很难受。你现在非常非常生气！”

S——及时安抚：“弟弟把你的玩具抢走了，你肯定会不高兴。但是我们不能打人，打人是一种不好的行为，而且打人不对。”

或者，“艾娃，你是个特别乖的小女孩，可是你刚刚的行为不太可爱！”

“你看起来特别生气。”

过不了一会儿，相信艾娃一定会意识到，其实自己并不坏，她刚刚那么做只是因为太生气了。

我们说孩子的行为是一种无声的语言，孩子的各种行为其实源自他们内心的各种情绪。而压力也会让孩子出现全身性的应激反应。所以，当孩子犯错时，别急着给孩子“贴标签”，因为这个时候，孩子最需要的，不过是父母的理解。这个时候，我们可以细心观察，努力思考孩子行为背后的真实原因。

我们可以问一些问题，鼓励孩子独立思考。会独立思考的孩子通常会更积极主动，可以独自解决自己的各种问题。

“那再想一想，如果再给你一次机会，你还会打弟弟吗？”

我们可以温柔地安抚孩子大脑里愤怒的狒狒。接着，通过提问，鼓励孩子独立思考，帮助他们大脑里的猫头鹰宝宝茁壮成长。

所以请记得，永远别给孩子贴上负面的“标签”。

大脑的奥秘

父母的言行会直接影响到孩子大脑中的激素平衡。我们对待孩子的方式，会对他们产生深远的影响，决定他们未来是积极阳光的，还是充满着焦虑和自我批评。

——玛格特·桑德兰博士（心理治疗师、《育儿的科学》作者）

在跟孩子沟通的时候，我们需要使用孩子能听懂的语言。举个例子：我的一个好朋友有一次不小心一脚踩在了孩子的玩具上。相信不少家长朋友也有过类似的经历，想想都知道有多疼。

这位朋友非常生气，直接对着他三岁的儿子吼道：“你怎么就学不会爱护玩具？！”

他的儿子困惑地看着他，怯怯地问：“爸爸，爱护是什么意思啊？”

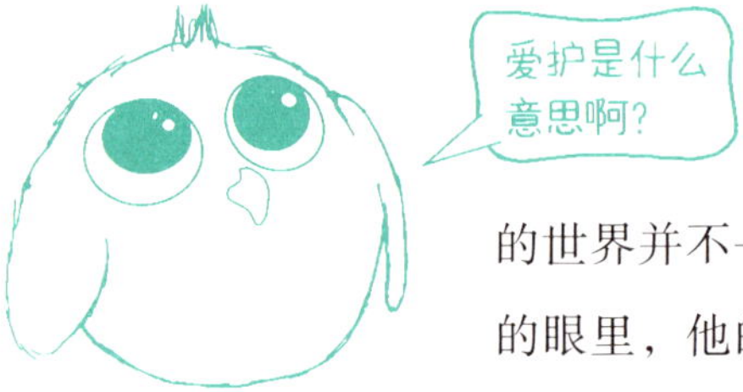

你看，孩子眼中的世界和成年人眼中的世界并不一样。首先，在这个孩子的眼里，他的房间一点儿都不乱。这跟他爸爸看到的完全不一样……他也不明白：自己怎么就被爸爸批评了呢？这个房间明明很好呀，有那么多玩具，多好玩！

其次，这个孩子根本不懂“爱护”这个词是什么意思。所以，我们需要用孩子能听懂的语言来与其交流。

孩子的大脑里只有一个小小的猫头鹰宝宝，他们还无法理解一些艰深的词汇和概念。我们不能想当然地认为孩子能听懂这些深奥的辞藻。

最后，关于不给孩子“贴标签”，我还要强调一点：请不要对孩子说“不”。在听完著名精神病学家、作家丹·西格尔的一次讲座之后，我才悟到了这一点。在他的学术研讨会上，我第一次体会到，原来积极和消极的语调也会影响我们的身体感知。

你也可以试着感受一下。

请先站在一面镜子前，对着自己说“不”。语气可以严肃一点儿，就像批评自己似的。“不！”“不！”“不！”

你的身体有什么感觉吗？（别忘了也看看镜子里你的脸——这就是你生气的时候，孩子眼中的你！）

好，现在换一下，重新对自己说“对”。这一次，语调要温柔。“对。”“对。”“对。”

这一次，你一定可以感受到自己身体的变化。

试想一下，当我们吼孩子的时候，孩子的身体又会有着什么样的感受呢？孩子还那么小！

当被否定的时候，我们的身体会感到不舒服。不要对孩子说“不”，这么做并不代表我们没有底线。本书第八章里，我已经讲过了明确边界的重要性。但是我们也需要知道，孩子是会把我们的话听进去的。因此，我们如何对孩子讲话、如何跟别人谈论自己的孩子都需要格外谨慎。

如果我们总是对孩子说“不”，我们其实是在否定孩子。我们并没有告诉孩子我们希望他们怎么做，而是不断强调他们做得不对。这样，孩子会觉得自己什么也做不好。一旦觉得无论如何努力也没用，孩子也不会再继续好好表现了。反正不管怎么做，爸爸妈妈都不会满意。

所以，请不要总是跟孩子说他做得“不对”。当孩子做得好，或者当孩子的行为达到了我们的要求时，我们应当及时予以表扬和鼓励。

比如，小孩子经常会拿着彩笔或者颜料在墙壁上涂鸦。面对这种情况，我们可以教给孩子应该在什么地方画画或者涂颜色。我们可以在家里给孩子开辟一个“艺术角”，把他们的美术材料都放在这个特定区域。我们可以告诉孩子，被涂涂画画过的墙壁其实很难看（记得要幽默一点儿哟）。你可以搞笑一点儿，比如用你的手臂在空中画圆……不要做一只失控的大狒狒。孩子都喜欢温柔、幽默的父母。我们只需要教会孩子应该怎么做就好了！你的孩子可能自己也很慌乱，他们大脑里的蜥蜴和狒狒可能已经开始抓狂。这个时候，我们就别再跟孩子说“不”了。我们可以给孩子一些白纸，告诉孩子可以在纸上画画。这样引导孩子开始思考，他的猫头鹰宝宝才会有所成长。所以，请递给孩子几张大白纸，面带微笑地告诉他：“我们可以在纸上画画，但是画在墙壁上可不行。”

其实孩子只是想画画，画在哪儿不重要。所以，不要急着否定孩子。要告诉孩子你希望他们如何做，聚焦在正向的行为上。

成为善良的父母、轻松幽默的父母，你会发现，带孩子也会变得更容易。亲子之间需要相互信任、相互尊重。我们应该从孩子出生的那一刻起就尊重孩子。了解“贴标签”的危害后，请重新考虑一下我们与孩子的沟通方式。当我们跟孩子对话时，我们可以给孩子示范正确的行为。相信我，一段时间之后，你会发现质的变化。

猫头鹰智慧锦囊

- 永远不要给你的孩子贴负面的“标签”。
- 就事论事，仅仅探讨孩子的具体行为。
- 跟孩子讲话时，请使用积极的、孩子能听懂的语言。

换个角度看孩子，你的孩子也会有所不同。换种态度与孩子相处，孩子会越变越好。不指责、不批评，孩子也可以更配合我们。

10

为什么要给孩子一段英雄时间？

孩子不需要多昂贵的礼物，他们要的不过是父母的陪伴。

——伽柏·玛德博士（著名作家、心理学专家）

二〇二〇年十月的一天，早晨六点，我先生麦克陪着我一起赶往医院——我需要去医院做一个拇指外翻的矫正手术。我们临时找了朋友来帮忙照看两个孩子。我觉得这是个小手术，相信不出几个小时，我们就可以出院回家了。

结果，手术时间远远超出了我们的预期。那天一直折腾到下午很晚，我们才回到家。我还没有完全从麻醉中清醒，于是，我跟孩子们简单地打了个招呼，就准备再小睡一下，让麻醉劲儿过去。跟大多数父母一样，我和麦克也经常忙得天昏地暗。回家不一会儿，麦克就需要去加班。可是在这之前，他还得给两个孩子洗完澡，并且做好晚饭。

朋友见状，让我去楼下小睡一会儿，由她来照顾孩子就好。然而，才七点半，威尔伯就开始在家里横冲直撞。他一头扎进克莱门西的房间，在姐姐的房间里乱扔枕头。那一刻，我觉得特别无助，又很沮丧。我刚做完手术，走都走不利索，根本管不住孩子。外人可能会觉得威尔伯真的很淘气——我的这位好朋友可能就这么觉得。

这时，我的大脑里出现了一个很形象的比喻：帆船上东摇西晃的船帆。航海时，如果掌舵人松开了舵轮，放掉了拉着船帆的缆绳，那么船帆就会在风中东摇西晃，剧烈抖动。这时，就会有翻船的危险。今天，我这个“船长”就松开了我家这艘大船的舵轮。

生活中难免会有各种各样的状况。我没有做错，当然，威尔伯也没有错。可怜的威尔伯，他大脑里的关注点还是自身的生存。今天一整天，爸爸和妈妈都不在家。妈妈一回家，脚上就缠着厚厚的绷带，还穿着一只奇怪的鞋子。妈妈看起来很疼，也走不好路……可以想象，这在威尔伯的眼里该有多么可怕。孩子在小的时候非常依赖父母。一整天，我和麦克都不在家。对于威尔伯来说，这该有多么可怕。于是，他积累了一天的情绪终于在晚上爆发了。还有什么比玩更解压的吗？在家里疯跑一通，扔扔枕头不是很好吗？

电光石火之间，我明白了，威尔伯并不是故意淘气，并不是故意不想上床睡觉。他只是没有了缆绳的船帆，在风里飘摇。他担心妈妈，害怕妈妈生病。

“威尔伯，你现在该睡觉了。马上回你自己的房间……已经是睡觉时间了。你听不到吗？聪明点，快回卧室。”

说完这些话，我才意识到，这样对着楼上的空气喊话，我和儿子并没有建立真正的联结。毕竟一整天，威尔伯都感到恐惧担心。他大脑里的蜥蜴和狒狒早就按下了报警按钮。而且，我觉得我说的话太长了，我决定简短一点儿。

威尔伯一转身，又冲进了克莱门西的房间。我听到了克莱门西嫌弃的喊声。这下可好！现在我得解决两个孩子的麻烦了！于是，我又喊道：“威尔伯！”

实话实说，我有点恼羞成怒。我觉得威尔伯这样不听话，让我在朋友面前很没面子。我之前告诉过她我在写一本育儿方面的书。可是，你看，我连自己的儿子都哄不上床！当时，我的身体软弱无力，连路都走不好。我知道对孩子这样大喊大叫对谁都不好。

我强忍着疼痛，龇牙咧嘴地爬上了楼梯。威尔伯哧溜一下，跑回他自己的房间。我一瘸一拐地走进他的房间，发现威尔伯正躲在小床上咯咯地笑。这种笑声在我听来，是一种压力的释放。黑暗里，我笑了笑，轻轻地拍拍躲在被子里的小人儿，对他说：“过来，妈妈跟你一起躺下。我觉得你是想跟妈妈待一会儿了。你今天一整天都没有怎么见妈妈。”

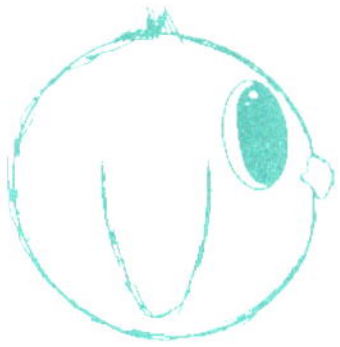

我摸着他，感觉他的身体放松下来了。令他意外的是，妈妈并没有批评他。他还得到了自己想要的——妈妈多陪陪自己。威尔伯搂住了我的手臂。

我继续说道："你今天这样，是不是因为看到妈妈的脚受伤了呢？"

他猛地转过头，看着我。"妈妈，你为什么要穿一只这么奇怪的鞋子啊？"

他的问题一个接着一个，就像连珠炮一样：

"他们把你怎么了啊？"

"疼吗？"

那一刻，我才意识到，原来孩子表现出一些"疯狂"的行为，其实都是他们内心不安的一种折射。那一刻，我突然很感恩，感恩我之前学到的这些育儿知识。于是，我迅速切换视角，开始从威尔伯的视角来看这个事件。当他看到我一瘸一拐地走上来，他不会像大人一样想：哦，妈妈做了个矫正拇指外翻的小手术——没什么好担心的。其实，妈妈这个年纪的女性很容易大脚趾外翻呢。我猜妈妈一定会恢复得很好。

威尔伯只是一个五岁的小男孩，他还不能像一个大人一样思考。当我一瘸一拐地回到家，脚上缠满绷带，行动不便……看到这样的我，威尔伯非常担心自己的生存会有危险。可能妈妈没有办法为他提供食物，生活可能会出现很多麻烦。

记着，很多事情在孩子看来，都是关乎生存的。这种想法比我们的意识层面深得多。尽管我们生活在现代社会，但是我们的孩子大脑中关于生存的焦虑还是处于原始状态。

我慢慢地跟威尔伯解释说，我脚上有一块骨头长得不太对，所以经常疼。

医生可以帮我把这块骨头切掉，这样我以后就会好了。可是做完了这个手术，我需要好好休息，不可以走得太远。

我也叫来了克莱门西。虽然她年龄稍大一些，也懂事一些，我还是觉得跟两个孩子一起解释比较好。我不想让我的任何一个孩子感觉被妈妈忽略。

克莱门西噔噔噔地跑上了楼梯，拉出一把小椅子，坐在了床边。她也有很多问题："妈妈，你的脚怎么了？告诉我们医生给你做了什么手术。不过，妈妈，我比较神经敏感，受不得刺激！"说完，克莱门西微笑了一下。

"神经敏感是什么意思啊？"威尔伯问道。

随着话题打开，我和我的一双儿女敞开心扉，促膝长谈。黑暗里，威尔伯的头搭在我的肩上，跟我一起躺在小床上。而床边，克莱门西也紧紧地拉着我的手。因为最近行动不便，我跟孩子们说了声抱歉，我向他们保证我会快点好起来。之后，我们三个一起讨论了这段时间我们一家人可以玩的游戏。

克莱门西唱起一首歌，她邀请我跟她一起唱，这样，她就可以学会更多的歌词了。紧接着，威尔伯也加入了我们。就这样，我们三个在夜色中一起哼唱着歌曲（多么甜蜜的时光）。

那一刻，我的脸上不由得浮出一个微笑。早在原始社会，部落成员们也会在一天劳作结束时一起高歌。当人们为了告慰死者、驱赶疾病、祈祷丰盛的猎物时，会用歌声来表达情感，歌声有治愈的力量。此时此刻，在我们家，我们三个都被温暖的歌声治愈了。我非常庆幸自己有机会可以采访到很多儿童心理学界的专家，例如布鲁斯·佩里博士、丽莎·艾丽……正是因为他们的教诲和指导，我才能够将本书里的知识理论结集成册。他们开拓了我的视野，让我不再从自己的角度来分析孩子的问题。现在我可以凭着自己的本能来育儿，从孩子的角度来看待问题。

今晚的事件其实还可能有另外一种结局。我拖着做完手术的脚，筋疲力尽、跌跌撞撞地回到家。看到威尔伯在家里疯跑，我可能会觉得他非常淘气，因为没有抓住时机跟孩子们建立联结，两个孩子也不会理解我，他们就会沮丧地睡去。

所以，请耐心地问孩子："你遇到了什么麻烦？我可以帮助你吗？"而不是责备孩子："你有什么毛病？！"我们只需要花几秒钟来询问孩子，随后花几分钟来帮助孩子自我疗愈，接下来就是见证奇迹的时刻了——我们可以跟孩子更和谐、更友好地相处。这是一件可以受益终生的事。

孩子的成长离不开父母的爱，这是只属于父母与子女之间的爱。只有在孩子身上付出足够的时间，我们才可以跟孩子建立亲密的联结，从而收获爱。当然，现代父母每天都很忙碌，我也理解大家可能无法给孩子高质量的陪伴时间。这里的“高质量”陪伴指的是就你跟孩子两个人坐在一起，你们彼此有着眼神交流，彼此会会心一笑，全心全意地投入在这段时间中。

“高质量”陪伴可不是急匆匆地给孩子穿鞋、给孩子刷牙、给孩子准备晚餐。**“高质量”陪伴需要父母朋友们放下手机，屏蔽一切可以干扰我们亲子时间的东西。请靠近孩子坐下，感受他们的小身体就在我们身旁散发着微弱的热量，感受他们的呼吸，甚至我们可以闻到他们头发的味道……这时，你应该会觉得为人父母真的很幸福。**

所以，请把高质量的亲子时间放在我们待办事项的第一项。

如果孩子没有获得爸爸妈妈的高质量陪伴，他们可能会出现各种各样的行为问题，就像前文出现过的“手术后的横冲直撞”，或者叫“东摇西晃的船帆”。摇摆的船帆，这个比喻多么形象！当我的两个孩子在家里追逐打闹、大声叫喊的时候，就像失去缆绳的船帆。然而，我们家庭的小船也可能会随着船帆的失控而倾倒——就只是因为我稍稍地松了一下掌舵的手。我了解我的孩子们。这一次，仅仅是因为我有半天时间不在家，没有拿出足够的时间来陪伴他们，他们就出现了各种各样的行为问题。他们原本包容克制、沉着冷静、富有同理心，可是，在我松开船舵后，他们开始争吵打闹、满屋乱跑、不听指示。继续沿用这个比喻，孩子需要安全感，他们需要把船锚抛出去。只要父母给孩子足够的关注，他们就可以感到更踏实。

在心理咨询工作中，咨询师们常常把自身比作一个杯子。

当水杯装“满了”的时候，我们的身心健康就会达到动态平衡。而当我们的水杯没有“装满”的时候，我们总是习惯用其他方式来填满自身的空虚感。这时，我们会沉迷于食物、酒精、网上购物……尽管这些外界刺激带来的满足感只是暂时的，但是我们仍会沉迷其中，渴望获得这种短暂的满足感。

与此相反，一个水杯“装满”的人，他的人生是满足而充实的。他无须这些外界“加油站”的补给。

孩子也需要满足感。他们从爸爸妈妈的爱与关心中获得这种满足感。这样的孩子心理也更强大，足以应对未来的各种挑战。

我们能做的，就是装满孩子的“情感水杯”。

给父母的小贴士

十分钟加油站和英雄一小时

装满孩子的“情感水杯”？听起来很难，但是做起来很容易。每一天，请拿出十分钟的时间；每一周，请拿出一个小时的时间，来给孩子高质量的陪伴。

十分钟加油站

请每天拿出十分钟来陪伴你的孩子。这十分钟，你需要做到高质量陪伴，集中所有的精力，专注于孩子。因为孩子最渴望得到的就是父母的关注。我知道现在大家都很忙。有个心理治疗师朋友曾经沮丧地跟我说：“现代社会，快节奏的经济发展已经压垮了家庭生活。”尽管如此，我们必须努力平衡工作和生活。不然，受到影响的可是孩子。陪孩子的时候，如果我们一直手机不离手，或者一直分心忙工作的话，孩子和我们其实是没有真正建立联结的。因为你其实是心不在焉的，而这种貌合神离的陪伴也会影响孩子的行为。

虽然我们陪在他们身边，但其实我们的心却不在。对于孩子来说，他们会感受到强烈的被拒绝的情绪。心理治疗师伽柏·玛德博士表示，这种陪伴方式对孩子的情感发育有非常大的负面影响。这种心不在焉的陪伴会让孩子产生羞耻感。他们会觉得可能爸爸妈妈并不想陪我一起玩，是不是我做错了什么？为人父母是一种责任，也是一种承诺。

“可是……凯特，我真的没有时间……”

真的吗？你真的忙到连六百秒都拿不出来吗？

你真的在一天中都抽不出十分钟来跟孩子聊一聊，增进一下你们的亲子关系吗？

就十分钟，看着他们，倾听他们，贴近他们。

其实，这点时间你还是有的。请陪陪孩子们吧，这是我们作为父母能给他们最珍贵的礼物。

看看我们一天的安排，有哪些事情我们可以不做，拿来陪孩子呢？比如，少浪费十分钟在社交网站上？事实上，大多数人每天都花费不止十分钟在这件事上……一张张图片刷过去，一个网页接着一个网页浏览……

或者可不可以少看十分钟电视呢？

可能你会觉得我有点多管闲事。可是认真想想，既然每天只用十分钟，你就可以增进你和孩子之间的亲子关系，那么何乐而不为呢？这是一件意义长远的事情。你会慢慢地感受到高质量陪伴的意义的。

十分钟，六百秒，就这么长时间。

“十分钟加油站”或者“十分钟亲子时光”，名字不重要，重要的是，通过这段时间，你们的亲子关系会得到强化：我们把我们的爱、时间与关注全部倾注进了孩子的“情感水杯”里。

它不仅可以给孩子强有力的情感依靠，还可以提高孩子的情绪调节能力。在这十分钟里，我们还可以运用前面章节中学到的工具给孩子进行“快速充电”。注意是“快充”哟！原因如下：

• 当我们成功地跟孩子建立起联结的时候，我们可以得到孩子全身心的关注，我们可以跟孩子保持良好的眼神交流。

• 这时，孩子也更容易倾听我们的问题。

• 他们更愿意去服从我们的一些指示。

• 这时的孩子也更愿意帮助父母分担一些家务，比如打扫房间。

• 因为我们陪在他们身边，孩子更愿意做到让我们满意，因此，他们的行为也会有很大的进步。

“十分钟加油站”很容易上瘾——不仅是孩子容易上瘾，家长也容易。以我为例：每当我放下手机、放下工作日程、放下待回复的邮件，全身心地陪伴孩子时，都会无比欣慰自己是一个母亲。你看，这就是奇迹时刻。

打个不恰当的比方，如果我们自己都没有时间遛狗，我们大概率是不会养狗的。那么养娃比养狗麻烦多了，我们难道不应该投入时间成本吗？毕竟，人类的婴儿和小狗都有着相似的大脑结构——都喜欢探索、喜欢有事做、喜欢学习新事物、喜欢做有趣的事情。试想一下，一只小狗被主人留在家里，它可能会感到无聊、抑郁，甚至觉得天都要塌下来了。那孩子呢？在他们生命的前几年，他们特别需要我们。

我们应该陪在身边，细心地引导他们，教会他们如何玩耍、如何做到安全又有秩序……

如果生了孩子，却不想花时间在他们身上，那为什么还要生呢?

在我们家，克莱门西和威尔伯都非常喜欢“十分钟加油站”。不管是在一天的开始还是结束，这些额外的“妈妈陪伴时间”都格外珍贵。

你可能会问，那么“十分钟加油站”时间，我们到底该做什么呢?

答案很简单：就做孩子想做的事就可以！当然，也要考虑一下具体情况，比如，早晨的话，你可以和孩子一起坐在地板上，玩玩拼读游戏或者阅读绘本，或者可以跟孩子一起玩“打仗”游戏。在我们家，威尔伯会拿着他的激光剑来跟我比画玩击剑游戏（呃，别问为什么）。有时，我们会在床上玩摔跤游戏；有时，我们会趴在地上扮小狗；有时，我们会一起躺下来，静静地看天上的云。晚上的时候，你可以给孩子读个小故事，也可以跟孩子聊聊天，问问他今天过得怎么样。

你就像《阿拉丁神灯》里的灯神，可以满足孩子的一切愿望……就这么简单。

在这十分钟里，我们只需要做到排除一切干扰，把所有的注意力都放在孩子身上。

每天花十分钟，只有你和孩子。

像这样，每天只花十分钟来给孩子加加油，孩子的情绪就会更加稳定。即便他们在其他时候发生一些不愉快的事情，让自己“杯子”里的水洒出来一些（比如幼儿园里有人抢走了他心爱的玩具，或者姐姐不想跟他一起玩），他都能更从容地应对。

每天十分钟，让孩子的“水杯”保持装满的状态。这样孩子的压力处理系统——蜥蜴和狒狒也能以更好的状态应对每一天。

就算“水杯”里的水洒出来一些也没有关系，孩子见到我们，水又会被加满了。相信我，他们情绪崩溃的次数会越来越少，无理取闹的频率也会越来越低。还是有点不太相信吗？

你可以先选择每天的一个固定时间来进行“十分钟加油站”。我通常喜欢在送孩子上学前（早晨 7:45—8:15）这段时间来完成这件事情。如果威尔伯起床特别早的话（有的时候他早晨 6:00 就会起床），我也会看情况提前一点儿。你只需要找一个适合你的时间就可以。

一开始你可以设个闹钟提醒自己（刚开始时这样做有点仪式感，你可以根据自己的情况来定）。每一天，你都可以固定在同一个地方跟孩子进行这十分钟的亲子互动。你也可以每次都唱一首孩子喜欢的歌曲。现在我们家已经不需要用闹钟了，在时间安排上也比较弹性化。我只需要主动跟孩子们说："来跟妈妈一起玩儿吧。"很简单，对吧？

我不会特意在陪伴的时候计时。想想看，如果一边玩，一边拿着表来计时，是不是很打扰你和孩子呢？（而且如果你一直看表，对孩子也不够尊重！）

在这十分钟里，你需要真正做到忘掉自己，全身心地陪伴孩子（在这个过程里，你会发现自己的"情感水杯"也会被装满）。我们不需要照本宣科，请凭着为人父母的直觉，根据我们和孩子的节奏走。当我们感觉玩得差不多的时候，可以对孩子温柔地说："好啦，宝宝。我们再玩几分钟就不玩了。"如果孩子的"情感水杯"在这段时间已经装满了，他们一般会很轻松地答应你。毕竟，孩子知道，明天他们还可以跟你一起度过愉快的亲子时光。

如果你很忙，或者孩子需要去上学，你可以跟孩子说清楚。但是，陪伴至少要做到十分钟，让孩子来引导我们，做孩子想做的事情就可以了。

如果时间到了，孩子却不愿意结束，他们还可能会非常愤怒——这代表着他们的"情感水杯"还没有装满，所以他们才不想让我们"离开"。如果你意识到了这一点，那就尽量跟孩子再多玩一会儿，玩到他们的"水杯"装满为止吧。

英雄一小时

"十分钟加油站"和"英雄一小时"相辅相成。除了每天花十分钟来高质量地陪伴孩子，我们每周还需要再花一个小时来继续这种高质量陪伴。

这一小时，请让孩子完全拥有你。跟“十分钟加油站”一样，这一小时，请让孩子来决定做什么。你们可以一起去打保龄球、散步、爬树、涂色，或者做游戏，让孩子来做选择。当然，也有一些因素我们需要考虑：是否费用太高，或者这项活动到底适不适合孩子（所以，如果孩子说要赌博可不行哟）。

现实生活里，我们很多父母朋友都很忙。很多父母有不止一个孩子，还有很多单亲家庭，可能我们没有足够的时间跟孩子建立亲密的联结。通过“英雄一小时”，我们起码可以保证每周有一小时的时间全身心地来陪伴孩子。在过去的一周里，他可能没有得到我们足够的关注与陪伴。那么，请在这一小时里来修复你们之间的亲子关系吧。

当然，我不是要求大家一定要做到一小时，尽力而为即可。我们也可以想想其他的解决方案，比如我们可以跟其他人来轮流带孩子、让孩子跟别的家庭一起玩、让孩子去俱乐部或者上兴趣课……你可以发挥自己的想象力，找到完全跟孩子独处的一小时。

在这段时间里，孩子想玩什么就玩什么。在我家，孩子们的心愿其实很简单：玩玩桌游、一起烘焙、一起涂色……你看，不需要花很多钱，也不是很复杂。

“英雄一小时”只有一条规则：不能让孩子使用电子设

备（也包括看电视和看电影）。因为如果和孩子一起看电影，你们的注意力其实都不在对方身上。（跟孩子一起看电影这项活动本身很好，只是不建议安排在“英雄一小时”里。）

关于电子设备

随着科技的发展，现代社会也产生了巨大的变化。比起我们小时候，现在的孩子有更多机会接触网络和电子设备。在学术界，有很多专家都对孩子是否应该使用电子设备表达了自己的看法。

我曾经采访过儿童精神病学家迪肯·贝宁顿博士（就职于英国安娜·弗洛伊德儿童与家庭国家中心）。他表示：“童年早期阶段，儿童的大脑正处于快速发育时期，这个时候很多技能都是用进废退。我们将这一现象称作修剪①。”对于这个复杂的概念，贝宁顿博士给我举了一个有趣的例子。

人类的孩子一出生，就具备区分细节的能力。比如，孩子甚至能看出不同豚鼠脸部的区别。但是，孩子并不是天天都能见到豚鼠这种动物。久而久之，他们的这项能力就退化了。与此不同的是，孩子每天都会看到不同的人脸，并且需要区分不同的人脸、跟其他人互动，也需要在日常生活中观察自己父母和其他人的表情变化。比如，挑起眉毛表示惊讶，皱起鼻子表示不屑，改变身体姿势表示这个人进入了防

① 神经学术语，突触修剪，包括轴突和树突完全衰退和死亡，是在许多哺乳动物（包括人类）的幼年期和青春期开始之前发生的突触消除过程。——译者注

御状态，而人们哈哈大笑的时候身体也会跟着抖动（可能也只有我这样吧）……

所有这些身体的微小变化都可以让孩子形成对于人际关系的理解。那么问题来了：如果孩子的某项能力没有得到充分的锻炼会怎么样呢？

英国心理学会儿童心理专家埃里克·希格曼博士很久之前就曾经表达过对于电子设备的担忧。他认为过度使用电子设备会影响儿童的大脑发育。他在研究中发现，人类大脑中的奖励机制（人类通过该机制获得快感）和冲动抑制机制的发育缺陷会直接造成电子产品滥用以及成瘾性行为。

在 0—5 岁这个阶段，如果孩子过度使用电子设备，他们大脑中相应的功能将无法得到锻炼，孩子的大脑发育会走向另外一个方向。那么怎么就叫“过度使用”呢？什么样的行为叫作“过度使用电子产品”呢？

有很多专家和机构都呼吁父母警惕电子产品问题。例如，美国儿科协会就曾经公开发声，要求父母严格限制五岁以下儿童的电子设备使用时间（包括看电视的时间）。同时，也有人呼吁科学家们对此进行更多的科学研究。

对于这个问题，我的看法是希望大家能够足够关注孩子使用电子设备的情况。过度使用智能手机、平板电脑、笔记本电脑等电子设备可能会影响孩子的睡眠、身体健康（如果孩子一直久坐不动），以及未来的社交能力。

当然，我也理解大家。我知道很多家长朋友每天都很忙，疲惫时让孩子看一会儿电子设备，家长就像有了一个“免费的保姆”一样，孩子可以安静一会儿，家长也可以忙里偷闲，有一点儿自己的时间。

鉴于上述情况，我建议家长朋友们可以找到适合自己的折中方案。毕竟，0—5 岁是孩子大脑发育的黄金时期。相信大家也可以做出正确的选择。其实，凭着直觉，我们可以意识到什么时候孩子已经“过度”使用电子设备了，我们也可以意识到孩子的户外活动是否充分、孩子与我们的互动够不够。之前，很多 0—5 岁孩子的家长想问题都是从自己的角度出发。现在，既然已经学习到了这些儿童大脑发育的知识，相信你一定了解这五年对于孩子心理健康的重要意义。

我和我先生麦克一起充分地进行了调研。最终，我俩达成一致：**在我们家，我们禁止孩子在过小的时候使用手机以及其他电子设备。我们也为自己立下一条规定：以身作则，限制我俩在家使用电子设备的时间**。还记得吗？孩子大脑里有一只小狒狒。如果我们陪在他们身边却心不在焉，并不能读懂他们的“心思”，他们一定会很伤心的。不管孩子多大，在学步期还是已经五岁，他们都需要我们专注地陪伴。试想一下，如果我们跟朋友或者伴侣一起聊天，可是他们却时不时地掏出手机来翻看，你会怎么想？你一定会有被人拒绝的感觉。相信你一定不想让自己的孩子体会这种滋味。没有父母想让自己的孩子觉得我们喜欢手机多过喜欢他们吧？

孩子喜欢爸爸妈妈的拥抱，更喜欢爸爸妈妈全心全意的陪伴。所以放下手机，全心全意地陪伴孩子吧。

温暖的拥抱、爱心、关注——这些是父母能给孩子的最珍贵的礼物。而我们做到这些，孩子就会拥有一个健康、强大的内心世界。

我知道，很多家长朋友是在家办公的，需要使用网络。我和麦克也不能完全不用电子设备。电子设备让人着迷，又无处不在。可是既然我们已经意识到了这一点，我们就应该尝试着去改变了。为了孩子，改变永远不晚。

你可以考虑做出以下的一些改变：

• 跟你的伴侣或其他抚养人就孩子如何使用电子设备这一问题达成一致。

• 用家庭契约这个小工具来跟孩子约法三章（请使用孩子能听懂的语言）。同时，也请告诉孩子这么做的意义。你可用狒狒和聪明的猫头鹰的比喻告诉孩子，其实狒狒和猫头鹰不喜欢一直待在电视前面，它们更喜欢去户外活动。

• 认真思考，你到底想不想在卧室里放电视或者手机。如果不想，就把这些电子设备放在其他房间。

• 请为自己制定电子设备使用规则，明确如何正确使用电子设备（何时、何地）。你可以每晚固定一个关机时间。

• 为孩子示范什么是“以身作则”，如何不做电子设备的奴隶。

• 如果你需要使用电子设备办公或者需要使用手机，请尽量不要在孩子面前使用。

• 当跟孩子一起玩耍时，把手机放在其他房间。这样你们就不会被短信和电子邮件打扰。当你全身心地陪伴孩子时，孩子会觉得你更有趣，“十分钟加油站”和“英雄一小时”也会变得更有意义。

回到高质量陪伴这个话题：父母为孩子做得越多，就会更多地感受到亲子时间的魔力。你会发现高质量陪伴会提升孩子接下来的行为表现。当我发觉我的两个孩子开始变得易怒的时候（比如说，他们之间会发生口角或者小摩擦），我会立即意识到：孩子们需要我多陪陪他们了。这样他们姐弟俩也可以更和谐地相处。

每天十分钟，每周一小时，长此以往，你会发现孩子的变化。说不定，你还会发现你自己的变化。

猫头鹰智慧锦囊

- 我们花在孩子身上的时间越多，他们的表现就会越好。
- “十分钟加油站”和“英雄一小时”可以让我们装满孩子的“情感水杯”。
- 孩子需要我们的陪伴，而不是电子设备。

下一章，我会为大家介绍更多的活动和游戏，来帮助大家高质量地陪伴孩子。现在，请认真思考一下：父母的陪伴对于孩子到底有多重要？你是否给了孩子足够的陪伴？

陪伴，真的是我们能为孩子做得最棒的、最有意义的事情。

感受陪伴的魔力，还是做一个不合格的父母？相信你一定有了自己的答案。

11

为什么一定要陪孩子玩？

人们不是因为变老才不再玩耍的。

相反，我们因为不再玩耍而变老。

——萧伯纳（爱尔兰剧作家、诺贝尔奖获得者）

我们不需要等到孩子学会走路之后再开始陪他们玩耍。其实，在早期阶段，儿童的大脑每分每秒都可以制造出无数的神经连接。英国国家预防儿童虐待协会指出：婴儿会通过牙牙学语、比画动作，或者发出哭声来尝试跟父母沟通。这个时候，如果父母能够及时回应孩子，给孩子一个积极的眼神、一些温暖的话语、一个拥抱，孩子的大脑将会快速地发育。他们的大脑不但可以制造出数不清的神经连接，还可以强化现有的其他神经连接。

跟孩子互动可以很简单。比如，你可以跟孩子玩躲猫猫的游戏。或者，当孩子试图咿咿呀呀地跟你说点什么的时候，你也可以发出同样的声音，回应孩子。每当这个时候，我的脑海中都会浮现出一个画面：

你的及时反馈点亮了孩子大脑里千千万万的灯。最好的婴儿玩具其实就是人脸：你看，我们的脸蛋那么柔软，捏起来软乎乎的。我们可以大笑，可以把脸蛋皱成一团，可以点亮自己的笑容，还可以让别人露出笑容。孩子还可以通过我们的面部表情学习各种情绪：喜悦、厌恶、悲伤、愤怒、惊讶、恐惧……这些对于孩子的大脑发育来讲都十分关键。

二〇二〇年，英国国家预防儿童虐待协会发起了一项“看，说，唱，玩”的公益活动，倡导父母们多陪伴孩子，强调亲子玩耍的重要性。同时，协会补充说明：“这项活动不仅是倡导父母单纯地跟孩子聊天或者唱歌，而是要通过亲子互动促进儿童的大脑发育。重点是，我们需要读懂孩子，并且及时反馈。这个过程就像打网球一样——你来我往，一来一回。”

大脑的奥秘

我们不需要为了加强孩子的大脑发育，特意去改变什么，或是做些什么，就在日常生活中，当你给孩子洗澡、哄睡、带着孩子购物的时候，停下来，跟孩子进行互动就可以了。

你可以看着他，倾听他，跟他讲话，为他唱歌，跟他玩耍……这些情景是真实的，可以鼓励孩子更加好奇地进行探索。这样做，你可以给孩子一个金色的童年。

——克里斯·克拉克（英国国家预防儿童虐待协会儿童保护意识提升部主任）

“你还记不记得上一次你陪孩子玩耍是什么时候？”

这个问题可能会难倒很多家长朋友。

以我为例，今天我上了一整天班，写了一整天的稿子。下班之后，做饭、收拾、接孩子、锻炼身体，我已经又累又饿了。所以，当克莱门西过来找我，问我今晚她能不能自己独自完成睡前阅读的时候，我犹豫了……尽管，我很想答应她……

我问自己：“今天我有没有高质量地陪伴女儿呢？”

我回答她说：“你当然可以自己一个人看书了。今天咱俩都很忙，但是妈妈想你了，想跟你一起玩。你想要妈妈陪陪你，还是自己一个人看书呢？”

她脱口而出：“咱俩能一起玩吗？”

克莱门西已经八岁了。

有时候，当她说想跟我一起玩的时候，可能已经时候不早了，也可能我已经累到不想动了。

尽管，我会突然心一沉，但是每一次，我都会答应她。因为，我知道玩耍对于孩子的意义。

孩子的成长离不开快乐地玩耍。玩耍可以让他们身心健康、情绪稳定。不要忘记，人类的大脑里住着一只狒狒。他天性爱玩。玩耍，是我们人类一个重要的部分。

当我们陪着孩子一起玩耍——尤其是陪他们尽情地跑跳，做运动时——我们也在帮助他们学会理性思考。通过玩耍，孩子可以学会自我调节，提高自控力。同时，他们也会在独自一人时学会如何与孤独相处。这些能力即使对于成年人来说也弥足珍贵。而我们可以通过玩耍，帮助孩子及早习得这些珍贵的能力。

在上一章中，我讲到过低质量陪伴的具体危害，我们可以通过玩耍来避免这种人在心不在的低质量陪伴。

如果我们只是嘴上说爱孩子，却没有什么实际行动的话，孩子其实可以一眼看破我们的虚伪。

我也理解大家。每一个人都很忙，感到时间不够用。尤其很多职场父母，每天都忙得焦头烂额。我孩子的同学的妈妈曾经跟我说："我真的受够了。我有三个孩子，先生常年在国外出差，而我还有一份全职的工作。当孩子们要我陪他们玩的时候，我也不想拒绝他们，可是我真的做不到。我经常想，我还是不是一个好妈妈。说实话，我觉得自己很差劲。我特别烦，每天都喝好多酒，还总是吼孩子。"

我听到过太多类似的倾诉了，那么，我们应该怎么做呢？答案只有一个：陪孩子玩吧。

我知道你可能很累了，你的内心是拒绝的，你想放松自己，上网看会儿剧，你不想挺直腰杆，陪孩子玩过家家。但是，请克服自己内心的抗拒，把陪玩看成一次自我疗愈的机会吧。不只是疗愈孩子，更是我们的自我疗愈。原因很简单：其实陪孩子玩耍，我们不需要做什么，只需要陪在他们身边就可以了。陪玩可以很放松——你只需要看着孩子们，看着他们突然吐吐舌头、皱皱眉毛，感受他们突然靠近你的温暖，感受你们之间的亲密。

我们之前讲过，每天的“十分钟加油站”和每周的“英雄一小时”都是你们的互动时间。我们可以通过陪伴，来增进和孩子的亲子关系，装满孩子的“情感水杯”。现代社会，快节奏的生活可能已经让他们的“情感水杯”变得空荡荡的了。

接下来，我再给大家介绍一个小工具。这是这本书里最容易的一个工具，但它也是最有用的一个工具。

给父母的小贴士

让孩子来决定玩什么

相信我，跟孩子一起玩是一件很美妙的事情。这是我们为人父母，能为孩子做的一件很有意义的事情。

接下来，你可能会问：那玩什么呢？

答案很简单：**孩子想玩什么就玩什么。请让孩子来主导游戏的过程。面对这个大大的世界，孩子其实真的很想有一点儿掌控感。所以，让孩子来决定玩什么吧。**

当然，你需要跟孩子明确一些边界：如果你打算让孩子五分钟后上床睡觉的话，就不要玩那些过于刺激的游戏。如果孩子要奶奶背着他们爬山，这是不可以的。还有，把颜料洒在墙上不可以，滚在地上、攻击别人不可以，把家里弄得乱七八糟却不收拾不可以。我们可以跟孩子约法三章，定一个“游戏契约”（具体可以参考本书第八章的家庭契约）。

约定好之后，我们就可以让孩子决定玩什么了（这样，孩子大脑里的小狒狒就可以获得他一直想要的掌控感）。有一天，克莱门西就突发奇想，带着我一起制作了一个仙女花园。她用一些蘑菇、小仙女玩偶，还有其他小玩偶和刺猬搭建了一个漂亮的花园。而威尔伯则想要我陪他一起玩激光剑或者搭乐高积木。

相信读到这里，很多家长朋友已经尝试过“十分钟加油站”和“英雄一小时”这两个小工具来陪孩子玩了。如果还没有试过，你可能心里会有点打鼓。

我先给大家打个预防针。如果你问孩子：“要不要一起玩？”孩子可能会直接拒绝你，告诉你他们不想。这个时候，请扪心自问，为什么他们不想跟你一起玩。可能，孩子嫌你工作了一整天，没有陪他们，这是他们对你的一种“惩罚”；或者，孩子第一次听说你要陪他们玩，他们感到吃惊，不知道你到底是什么意思；再或者，你邀请他们一起玩的时候，他们是不是在忙别的事情？如果是，那么给他们一点儿时间，让他们慢慢理解你的意图。当然，也可能有其他原因。不过别担心，只要你问了就好。

相信我，孩子一定会接收到你发出的信号：爸爸妈妈要跟我一起玩。请坚持下去。每一个孩子都喜欢跟父母一起玩耍。相信过不了多久，他们一定会回来找你的。你的孩子一定会满心欢喜，面带微笑地回答你：“好的！”

关于玩耍，我想问问你：“你小的时候，你的爸爸妈妈知道怎么陪你玩吗？”我记得我小时候我的父母就不是很会陪我玩。可能是他们那代人的问题吧，他们辛勤工作，很少有时间陪伴我。所以，如果你也觉得不知道怎么陪孩子玩，不用太内疚。只要陪着孩子，跟他们建立联结就可以了。陪玩并不需要你花几个小时。一般情况下，一旦孩子开始玩耍，他们慢慢地就会投入其中。这是一个很神奇的过程。一旦孩子玩进去了，他们就可以自己玩一会儿。

以我为例，不管多忙，我都会答应他们，陪他们一起玩。

当我陪克莱门西玩的时候，一开始我需要按照要求陪她做游戏。有时候她会要求我扮演一只“小狗”；有时候，她会让我扮演一个会说话的“洋娃娃”。但是只要她自己玩入戏了，她就可以自己一个人玩了。威尔伯也是这样。

很多时候，孩子们只是需要我陪他们一起开始游戏。当他们完全投入到玩耍中，其实不需要我们必须陪在身边。有时候，他们也可能会停止游戏，想让我给他们讲故事。有时候，我可以悄悄退到一边，默默地看着他们玩耍（这可比洗碗有意思多了）。有时候，我可以直接去楼下做家务，收拾收拾屋子，或者做晚饭。

陪孩子一起玩是非常有意义的。只需要一点儿时间，你的陪伴会让你和孩子之间的纽带更紧密，亲子关系也更亲密。

我知道有些家长朋友小时候可能没有怎么玩过，也不知道怎么陪孩子玩。所以，当人家陪孩子玩的时候，可能会有点不知所措。我的先生麦克就是这样的。陪孩子的时候，他喜欢带孩子们去公园玩，这样孩子们可以爬树或者在湖里划船。因为他小的时候，他的父亲就是这样陪他玩的。但是孩子们却会问他："爸爸，我们能不能就一起坐一会儿？"这个问题，麦克一直都不知道如何回答。我给他提建议："其实也不难。你不用故意捏着嗓子用孩子的声音来说话，你也不用假扮一只怪兽。孩子们其实只需要你陪在他们身边，所以陪伴他们、关注他们就够了。"

如果不会玩，请让孩子来主导，你只需要陪着他们。相信过不了多久，你也会感受到玩耍的魔力。

跟麦克一起复盘

我觉得爸爸们会更怕陪玩（尤其是像我这样小时候也没怎么玩过的）。我其实也不太擅长陪玩。你看，我太太凯特就特别会陪孩子玩。就像她刚讲的，我习惯带孩子们去公园玩。我一般会让他们做俯卧撑、跑步或者踢足球。还好，我的孩子也喜欢户外活动。可是如果孩子们要求我坐下来陪他们一起玩呢？如果他们要玩的恰好是我不擅长的呢？

有一天，威尔伯就要我坐下来陪他一起玩。我没有慌乱，而是问他："你想玩什么呢？"威尔伯突然很感动，我也真的很受触动。所以，我真的不需要策划一场游戏，只需要跟着孩子走就可以了。孩子们才是真正的主角：他们可以告诉我们该怎么玩！凯特说得对——其实陪孩子玩也挺有意思的。

你不用担心对错，让孩子来主导，让孩子来告诉我们怎么玩。我们只需要投入其中，静静地享受亲子时光就好了。

如果你还是不知道怎么陪孩子玩耍，我有几点小建议：

- 请让自己的声音听起来温柔一点儿，有趣一点儿。
- 保持微笑！
- 让孩子来主导游戏。

大多数时候都是父母来主导孩子的日常生活。所以在玩的时候，请大胆放手，让孩子自己做主吧。

“不行，不能玩沙子，太脏了！”“哎呀，不能玩颜料。”“不能在这儿玩。咱们还是玩小汽车吧。”……

如果你说出了类似上面这样的句子，就要停下来想一想了。

- 跟孩子玩的时候，听孩子的。
- 跟孩子玩耍，没有我们想得那么难。
- 玩耍对于我们和孩子都是一种自我疗愈。
- 我们只需要陪着孩子，看着他们，时不时地给他们一些口头的反馈就好。

玩耍是人类的天性。我们希望孩子尽情玩耍，不要担心我们会责备他们。但是我们也需要合适的环境来玩耍。请给孩子提供一个安全的场所，让他们可以放开自我，尽情玩耍。

首先，我们需要选择一个合适的游戏时间。举个例子，如果今天你刚好很忙，有很多事要做，那你可以换个时间陪孩子玩。如果你的孩子不止一个，请拜托其他人或者伴侣来帮忙。我们需要让孩子觉得自己都很重要，这样孩子也不会产生竞争意识，互相努力博取你的关注了。

还记得我说过的话吗？玩耍，只需要十分钟。接下来，就是见证魔力的时刻了……

我给大家举几个例子，告诉大家我的孩子都喜欢玩什么。我的孩子玩的并不复杂，一瓶泡泡水、几根蜡笔、几张纸、一个沙盘、一些塑料玩具、几盒手指画颜料（准备个大澡盆吧，因为可能会弄脏的）、一张大大的塑料布、一块大大的桌布都可以让他们玩得很开心。当然，带孩子去户外，会更放得开……

孩子会很享受，尽情玩耍，尽情大笑。同时，他们也会非常开心，因为我们陪在他们身边。如果孩子一开始有点放不开，也没有关系。我们可以给他们建议，但是不用过度指导他们，只需要告诉孩子可以在大澡盆里玩颜料就可以了。我们只需要指给他们看有哪些东西可以玩，不需要过度干预。比如，指给他们看白纸、蜡笔、动物玩具和沙盘。我们还可以用手指轻抚沙盘，温柔地询问：

"宝宝，你觉得咱们能玩什么呢？你看，我们有沙子，还有蜡笔……"

不需要逼孩子。让他们自己思考，自己决定玩什么。

"现在威尔伯来带着妈妈玩。你说，你最想玩什么？"

就这样，让孩子来带着你玩就好了。这时，他们大脑里的狒狒应该已经活跃起来了。

学会放手，让孩子来引导游戏。我们只需要倾听、陪伴、静静地看着就好了。少提问题，少打断孩子，让孩子独立地思考。孩子需要时，给他简单的反馈。

其实一点儿也不难，对吧？

• “所以，你是打算玩蝙蝠侠和罗宾的游戏吗？”

• “啊，你要把布娃娃从婴儿床里拿出来，再放到婴儿车里吗？”

• “哇，这是恐龙大战吗？”

我们只需要说出我们看到的就可以了。

在孩子的认知里，这意味着我们关注着他们。

父母的关注可以给孩子足够的安全感，让他们更勇于表达自己，从而锻炼他们的情绪调节能力。他们会更自如地表达自己的情绪和想法，表达方式也会更成熟、更幽默。

你看，玩耍就是这么有用。它关乎孩子未来的心理健康和抗挫折能力。

家长的思考：
阿尔帕，两岁孩子的母亲

跟我两岁的孩子一起玩真的很温馨。但是这是我的第一个孩子，我不知道到底应该怎么陪他玩。有时候我还想寓教于乐，教他一些东西。有时候，孩子确实会主动引导我来带着他玩。比如有一次，他在玩玩具火车，就让我帮他搭建场景。根据他的要求，我搭建了一座大桥，并且把火车摆在了大桥上。之后，我儿子自己尝试着让火车在大桥上穿行。看起来他还挺独立的。可是如果我一走开，他又会黏着我，让我重新回来陪着。有时候我真的很累了，很难集中精神看他玩，或者听他说话。我还发现，如果我来主导玩耍，让他跟着我的节奏，他很可能不会太配合。

我的儿子很有自己的想法，所以我就让他自己做主了。不管玩什么，只要我们俩在一起就好了。我真的很喜欢和儿子的亲子时光。陪着他慢慢长大，真的是一件美好的事情。

相信很多家长朋友在阿尔帕的分享里看到了自己的影子。很多时候，孩子只是希望我们可以陪着他们一起玩耍。他们并不是要求我们一定要全身心地投入到游戏中去。家长们只需要在那里陪着他们、看着他们、倾听他们。我们可以时不时地提一些问题，跟孩子互动。这样孩子也会感受到我们的用心陪伴。

阿尔帕也咨询了我一个问题——

“陪孩子玩耍是不是一定要有教育意义？我也试过在玩耍中教我儿子数数或者认识颜色，可他并不感兴趣。”

其实，对于五岁以内的孩子，我们不需要太焦虑“教育”问题，玩耍本身就是最好的教育。所以，放心地让孩子带着我们玩耍吧。你会感受到玩耍的魔力。你会发现，自由、安全的空间是给孩子最棒的礼物。孩子能从玩耍中汲取能量、获得安全感。

所以，陪孩子一起玩耍吧。让孩子感觉他们有多重要。

告诉他们我们愿意花时间在他们身上，让他们明白，跟他们一起玩耍是一件多么有趣的事情。花点时间，陪陪孩子，这是一件投资小，收益却很高的事情。

玩耍可以帮助孩子自我疗愈、提升自我认知。有的时候，孩子会分饰两个角色。两个角色可能会有冲突，有时候一方会“欺负”另外一方，有时候这些角色是人，有时候是动物或者积木块。孩子会通过这些“角色”来说话，甚至会自编自演，创作一个故事。

我们不是心理医生，不需要分析自己的孩子，陪着他们一起玩就好。你会发现，陪伴越多，你对孩子的了解也会越深。爱因斯坦曾经说过：“玩耍是最高级的研究方法。”诚然，玩耍不仅可以帮助孩子认识自我，也可以帮助我们了解孩子。同时，我们和孩子也会在玩耍中建立起亲密的联结。

所以，不需要想太多。如果你真的想在玩耍的时候问孩子问题，那就尽可能问一些封闭式的问题吧——只能用“是”或“不是”回答的问题。例如：“宝宝，这个玩具叫苏珊？就是今天在外面欺负你的那个孩子？”

如果你觉得孩子好像有心事，一定要问，你可以温柔地说：

“谁是苏珊啊？”

“你这两个人物好像老打架啊？”

“啊，大象是把狮子推倒了吗？”

孩子也许会跟你说，大象是个坏孩子，喜欢欺负别人。

它把狮子弄哭了。他们也许什么也不会跟你说。别急，顺其自然。孩子想说的时候，自然会告诉我们。

我们也可以问一些开放式的问题：

“这个人在这里干什么呢？”

“这儿怎么了？”

“那儿怎么了？”

“这个东西是什么？”

如果孩子也让你一起演一个角色，你可以这么问：

“好呀。不过你要先给我讲讲这个角色是干什么的，她应该怎么说话。”

孩子可能会说：“哦，她是个特别可爱的女孩子。她的声音甜甜的。”或者，他会告诉你：“哦，她可坏了。她的声音听起来气呼呼的！”

我们照着演就好了。让孩子来引导我们。如果孩子说你演的角色爱生气，那就演出那种感觉。

如果游戏中，有角色看起来很伤心。我们可以委婉地问：“听起来这个人好像遇到了困难啊！”“他过着什么样的生活呢？”“他最喜欢做什么呢？”“那他最讨厌做什么呢？”“现在发生了什么事儿呢？”“跟我说说呗……”

孩子可能会通过游戏来抒发自己内心的情感，游戏也会反映出他们的内心世界。如果我们和爱人经常争吵的话，孩子也会受到影响。如果家里有亲人离世的话，孩子也会感到焦虑。他们可能会把这种情绪反馈到游戏中。没关系的。首先，孩子意识到了家里的一些情况，这是好事。其次，这意味着孩子信任我们，我们让他们感到安全和放心，他们才在游戏中向我们透露自己的内心世界。如果你担心这些事情会对孩子的心理健康造成影响，我们可以向专业人士求助。

玩耍本身就是一种减压方式。孩子在玩耍中发泄自己的情绪，总比一直憋着难受强。你不需要太过焦虑。我们不是孩子的心理医生，我们能做的只有陪伴。科学研究表明，父母的陪伴可以让孩子感到心安。这样也会让我们的亲子关系更紧密。哪怕玩耍的时间再短，孩子也可以从中得到疗愈。

还记得吗？良好的亲子关系可以帮助孩子培养自身的情绪调节能力。只要我们陪在孩子们的身边，他们会比我们想的强大。

下面，我要给大家分享一些我在英国儿童心理健康公益组织 Place2Be 学到的一些关于陪玩的建议。

如何陪孩子一起玩

- **找个地方，跟孩子舒服地坐下来。**你们可以坐在地板上，还可以模仿孩子的肢体动作。如果孩子盘腿坐着，那我们也可以盘腿坐。

- **模仿孩子的语气。**如果孩子用兴奋的语气说话，那我们也可以表现得兴高采烈的。如果孩子故意压低声音说话，我们也可以跟孩子说悄悄话。所以，陪玩的时候，尽可能地沉浸其中，这样我们可以更好地观察孩子、了解孩子，孩子也会更多地感受到我们的爱意。

• **及时反馈**。家长朋友们，及时给孩子反馈非常重要。举个例子，如果你的孩子发出了一些搞笑的声音“呼”“呜啦啦”，我们也可以学他们发出这样的声音。或者我们可以问孩子：“所以你现在特别高兴 / 生气是不是？”

• **及时地给予孩子口头反馈**。不要带有感情色彩，简单地跟孩子描述事实即可。比如我们可以说：“啊，我看到你选了玩具汽车和小马跟你一起玩。”孩子感受到我们的关注后，也更愿意亲近我们。

• **不需要跟孩子讲道理**。让孩子自己独立玩耍。

• **不需要问孩子“为什么”**。孩子会因为思考而停下来玩耍。其实这个时候他们并不需要思考这些大道理。

• **善用想象力**。有时孩子可能会拿玩具来玩角色扮演的游戏，或者用玩具、图片来边玩边演。

陪孩子玩耍并不难，却非常重要、非常有意义。有父母陪伴，孩子会自然而然地主导游戏。而在玩耍的过程中，他们大脑中的蜥蜴和狒狒也可以得到很好的放松。

最后我给大家分享一个例子。

我先生麦克最喜欢的游戏就是水枪大战！一年夏天，我的儿子威尔伯来找我，问我能不能陪他一起玩水枪。实话实说，一开始我是不情愿的，我不想弄湿衣服。

但是，我知道陪孩子玩很重要，我还是勉为其难地答应了。我们把水枪都灌满了水，一起来到了屋外。

那二十分钟，我们真的玩得很开心（我从来没想过水枪的射程居然有那么远）。威尔伯就像一只欢腾的小狒狒，不一会儿就把我的衣服全弄湿了。我尖声大叫，然后奋起反击。原来玩水枪这么有趣。怪不得之前威尔伯天天拿着水枪在花园里胡乱扫射。以前，我还会吼他："威尔伯，不可以拿水枪滋窗户，会留下印子的。""威尔伯，不能把草坪弄湿！要不然你进家的时候，就把外面的泥巴带到家里了……"

唉，现在我开始后悔我之前那么严厉了。天哪，我也不想当一个唠叨的妈妈。

后来，我俩玩完了水枪大战，威尔伯拿来一本关于小汽车的书，要我读给他听。他坐下来，靠在我怀里。我们两个一起翻着书，细数到底有多少种小汽车。他靠得那么近，我都可以闻到他的发香。我低头，吻了下威尔伯的脸颊。威尔伯翻翻书，好奇地问："妈妈，我怎么没有坐过这种汽车呢？"然后，他就像只玩累的小狗一样趴在我的身上，给了我一个大大的拥抱。

玩耍真的有魔力！这是一个奇妙的疗愈时刻。在这一刻，我们会感受到为人父母的快乐，明白生养孩子的意义。

猫头鹰智慧锦囊

- 玩耍是有魔力的。
- 我们只需要让孩子带着我们玩耍就可以了。
- 玩耍可以让我们和孩子的关系更亲密，有治愈的力量。

人是需要社交的动物。我们爱孩子，也想当好爸爸、好妈妈，做最棒的父母。我们可能会对现代社会的各种压力妥协，但是，别让快节奏的生活影响到我们的孩子。我们一定可以挤出时间来陪伴他们。

我们一定可以。

如果我们没有陪在他们身边的话，那么孩子就没有得到完整的父爱 / 母爱。这样的爱，是不够的。

所以，还在等什么？放下一切，陪孩子一起玩吧。

12

如何做争吵终结者？

兄弟姐妹，本是同根生。手足情深，可是却总是嫌隙不断。

——山姆·莱文森（作家、十个孩子里的老幺）

我正在厨房里做晚饭。突然，门锁咔嗒一声响了。门开了，传来了麦克的声音。他已经出差两晚了。以往，他会非常热情地跟我打招呼。可是这一次，他压低了声音，像是说悄悄话一样。原来，他带回家一个“不速之客”。我已经累了一整天，真的不想再打起精神来招呼客人了。

来的是一个女人。嗯，这有点非同寻常。麦克好像讲了什么笑话，她咯咯大笑，风情万种。我瞬间觉得胃不舒服。

我呆立在原地，惊讶得说不出话来。麦克开心地冲我说道：“嗨，你看我带谁回来了！”

孩子们听到了爸爸的话，也飞奔过来看热闹。麦克身边站着一个美丽的女郎。她靠在麦克身上，麦克用手揽着她的腰。他宠溺地看着她，把她拉近了些。

他冲我笑了笑，问道：“漂亮吧？”

有没有……搞错？！

他拉着她的手，朝我走来。“亲爱的，这位就是黛莉娅了。过来打个招呼吧。你看，黛莉娅多漂亮呀。”我震惊了，感觉自己像是生病了。

然后，我开始推理：麦克大概是在跟我恶作剧吧。如果是，这个玩笑真的很低级。但是，麦克是认真的吗？

“你到底想干什么？”我努力压低自己的声音，而且，我克制着自己不去看黛莉娅，“你们带着行李过来干吗？”

“我跟你说过啊，我要带一个特殊的人来咱们家啊！以后，黛莉娅就跟我们一起住了！”

之后的两个星期过得很快，具体细节我已经记不清了。我只记得很多亲戚朋友都来我家祝贺麦克和我，恭喜我们家又多了一个新成员。黛莉娅收到了很多礼物，所有的客人都夸她长得漂亮。我感觉自己就是个透明人，悄悄躲到了厨房。我真是受不了了。我恨麦克，我恨黛莉娅。

来，深呼吸……

天哪，我真的想象不下去了。还好麦克没有真的带别的女人回家。我只是想象一下就牙根痒痒。（麦克也读过这部分了。读的时候，他自己都觉得难为情。）这个不是我自己瞎编的故事，而是从阿黛尔·法伯和伊莱恩·玛兹丽施的育儿书中得到的灵感。

书中，她们为了让我们体会到孩子迎接家庭新成员的感受，用了这个例子。如果你的先生带其他女人回家，你的心里会很不好受。那么，我们接新生儿回家，你的孩子心里也不太好受。对于他们来说，这真的很难接受。

不管我们之前给他们做过多少心理建设，他们还是无法接受家里多一个新的弟弟妹妹。因为这个小婴儿会分走爸爸妈妈的爱！

我们不愿意跟别人分享我们的爱人，那么凭什么孩子就得跟别的兄弟姐妹分享我们的爱呢？

大家放心，现实生活里，麦克没有出轨（谢天谢地）。但是，我希望你能从这个故事中体会到孩子的感受。过去他们一直是爸爸妈妈的重心。突然，家里来了一个陌生的孩子，他们会感受到威胁。

所以，大家觉得，同胞之间有竞争吗？

为什么孩子们会吵架？

手足之争是人类进化的产物。

在动物世界里，很多动物一胎都会生育多个幼崽，如老鹰一次可以孵化出很多鹰宝宝，鬣狗一胎也会生育很多鬣狗宝宝。但是，并不是所有的幼崽都可以活下来。出生后的头几个月，这些幼崽都会经过一个优胜劣汰的过程。

人类的婴儿需要依赖父母生存。那么，如果家里突然有新的婴儿出生，他们会觉得自己的“巢”变拥挤了。不管我们怎么努力平衡，孩子都会觉得自己需要跟别人分享我们的爱。新生儿既脆弱又高需求，我们自然而然地会把重心放在他们身上。但是如果从孩子的视角来看，你会感受到他们的惊恐。他们大脑里的小狒狒已经开始抓狂了。“我是要被抛弃了吗？”他们会突然有竞争意识，“妈妈到底爱谁更多呢？如果妈妈更爱弟弟 / 妹妹，是不是她就不要我了？”

或者，“发生危险的时候，妈妈到底会先救谁？”

孩子的这些想法是无意识的。毕竟，经过了数千年的进化，这些危机意识在他们幼小的大脑里早已根深蒂固。

孩子对于家庭新成员的恐惧是真切的。因为恐惧，他们也会对新生儿心怀怨恨。

试想，如果我的先生麦克真的带一个陌生女人回家，我本能地会觉得她会跟我争夺麦克的爱。如果你是我，你一定也会想：

- 一把把她推出家门。
- 挤对挤对她，或者干脆不搭理她。
- 不跟她分享任何东西，也不跟她玩。
- 让她感受到自己的敌意。如果她感到不受欢迎，是不是就会卷铺盖走人呢？

• 如果她不走怎么办？那你是不是得跟她争宠，看看麦克到底更喜欢谁？你会不会故意做一些出格的事情，来获得丈夫的注意？

爱是一种很强烈的情感。爱让我们与他人连接，让我们感到安全。当我们能感受到被爱的时候，我们会有清晰的自我价值感和归属感。

那么，如果妈妈一直拥抱和亲吻弟弟妹妹，孩子也会因爱生恨。他们会出现嫉妒的情绪，这是一种很痛苦的负面情绪。他们会真真切切地怨恨自己的弟弟妹妹。

没错，我们可能会提前给孩子打预防针，告诉孩子："你要当哥哥 / 姐姐了。"我们会让孩子摸一摸妈妈隆起的小腹，陪妈妈一起去医院做 B 超检查。我们甚至会代替这个婴儿送礼物给孩子。但是，这些远远不够。尽管做了这么多，我们也不能确定孩子到底能不能懂事，能不能接受这个即将到来的家庭成员。面对新生儿的到来，很多父母朋友都会觉得措手不及，忙得焦头烂额，那想想你的孩子呢？难怪，各大育儿网站还在为如何让孩子接受弟弟妹妹争得面红耳赤呢。

我们不能理所当然地希望孩子一开始就能完全接纳一个新的家庭成员。我们要记得：

1. 手足之争很常见，也很正常。毕竟"物竞天择，适者生存"。

2. 不管是动物还是人类，大家都有生存的危机意识。

3. 处理好手足之间的竞争，家庭氛围也会更和谐。未来，孩子们也会成为更亲密的朋友。

所以，到底怎么做，我们才能成为“争吵终结者”呢？首先，我们来了解下，为什么孩子更容易吵架。

相信你可能也曾经思考过这个问题：为什么我的孩子就比别人的孩子更爱吵架呢？

年龄差距

研究表明，年龄差三岁以上，两个孩子之间的冲突会更少一些。这样的年龄差意味着大孩子至少已经享受了三年的独处时光。在这段时间里，他们可以获得父母百分之百的关注。随着他们的长大，他们也更喜欢独立一些。这个时候，他们也会更愿意接受新成员一些。他们可能也会帮着给新生儿换纸尿裤、准备食物，因为这样，他们会觉得自己更加独立。相比之下，如果大孩子只有一两岁，他们自己还非常依赖父母，还没有办法独立。这个时候如果父母去照顾新生的弟弟妹妹，他们可能会心生怨恨。

二十世纪初，有位名叫韦斯顿 ·A. 普莱斯的牙科医生曾经远赴世界各地，调查儿童营养健康情况。在他的实地探访中，他发现在很多传统社会中，人们会自然而然地间隔三年再生育第二个孩子。在这些传统社会里，母亲通常会多喂几年母乳。利用这几年的哺乳时间，她们可以更专注地带一个孩子，同时也让自己的身体好好恢复一下。

然而，在现代社会，时间如此宝贵，等待变得更加奢侈（当然，意外怀孕除外）。我先后在四十一岁和四十三岁生了克莱门西和威尔伯。因为两个孩子都是自然受孕，我就没有机会考虑他们之间的理想年龄差。不过，两个孩子之间有点年龄差真的是件好事！

如果大家跟我一样，两个孩子的年龄离得很近，也不用气馁。好消息是，如果两个孩子年龄相差不大，他们也会处得很好。长大以后，他们的关系也会更亲密。不过当父母的就会累一些了。

性别

除了年龄差，性别也是影响孩子是否可以和谐相处的一个重要因素。如果两个孩子是相同的性别，他们之间的竞争会更激烈。如果两个孩子都是男孩，那他们出现冲突的概率就更大了。既然说到了这里，我就来顺便谈谈如何养育男孩吧。相信大家都不想让孩子有刻板的性别印象，所以都一视同仁地带孩子。但是科学家们却有不一样的建议。心理学家史蒂夫·比达尔夫曾经在《养育男孩》一书中写道：“四岁左右的男孩子一般精力都很充沛。这么大的孩子，他的身体会分泌很多黄体类的激素。这些黄体类激素会刺激身体分泌睾酮——一种促进睾丸发育的激素，为青春期的发育做好准备。尽管科学家们还没有发现具体的原因，但是这个年龄段的孩子会更活泼好动一些。”科学家们曾经对四五岁的孩子进行观察研究，结果表明，男孩和女孩不仅沟通方式不同，玩耍的方式也不相同。

史蒂夫·比达尔夫指出，不同性别的孩子，语言发展的速度也各不相同。四岁的男孩子刚刚开始产生性别意识，所以会更活泼好动一些。而作为父母，如何引导孩子正确地、安全地释放身体里的能量，如何与孩子建立联结，如何跟孩子探讨他们的感受，如何让孩子感受到被爱，都是我们需要攻克的难题。其实，一个男性，终其一生，都在不断地学习如何成为一名更优秀的男性，更加活力四射、精力充沛、体贴细心、有安全感、有冒险精神，并且有责任心。

家长的思考：
阿里，一对五岁双胞胎的母亲

我觉得父母们应该意识到性别不同，育儿的方式也应该不同。男孩和女孩有很多差异，他们精力的旺盛程度不同，学习新事物的方法也不同。比如说，我的女儿就能坐得住。她可以安静地坐着看书、写字、画画。可是我的儿子就不行。他很好动，总是跑来跑去。我也曾经望子成龙、望女成凤，希望他们能够在学习上有所成就。可是我发现不管怎么逼我儿子，都没有用。疫情期间居家学习，我和儿子都很难熬。我总是得耳提面命地逼他坐下来，好好学习，好好做功课。可是每次都鸡飞狗跳：

一个哭得伤心的儿子，一个面红耳赤的母亲。其实，我是认同正面管教理念的。我知道这样强行逼着孩子学习是低效的，而且也是错误的。可是，我每天还是会陷入跟孩子斗智斗勇的死循环。后来，我咨询了凯特，终于明白了：其实我的儿子还没有准备好。他是一个男孩子，他的大脑里有一只调皮的狒狒。时间到了，他会自然而然地变得懂事。我的儿子很正常。我终于可以松一口气了！

年龄相仿但是性别不同的孩子也容易发生冲突。尤其是如果男孩子是更小的那个孩子，矛盾就会更多。对于这一点，我深有体会。威尔伯比克莱门西小两岁，可是他总是想跟姐姐一争高下，证明自己。父母们都不希望自己的孩子互相挤对，这样既不利于手足之情的培养，也会影响他们长大后处理亲密关系的能力。

脾气秉性

影响手足竞争的另一个因素是孩子的性格。如果孩子性格外向，他可能会更加活力四射，喜欢一些肢体运动类的游戏。而如果他性格内向，他可能会更喜欢静静地坐着，一个人玩耍。

我们都知道有些性格的人可以处得来，而有些性格的人可能彼此水火不容。在我怀第二胎的时候，我的一个心理咨询师朋友就建议我顺其自然，让孩子做自己。在孩子玩耍的时候，因人而异地引导孩子：如果孩子性格外向，那么我要引导他学会控制自己的冲动，合理释放自己的能量，更好地管理自己的情绪；如果孩子性格内向，我则应当引导孩子增强自信心，学会为自己发声。这都需要我们好好花时间和精力来陪伴孩子。我们应该为孩子提供他们需要的空间，鼓励他们表达自己的情感，同时积极与孩子沟通。如此，我们才可以顺其自然地引导孩子做自己，而不是试图改变孩子。

简单地说，我们应该根据孩子自己的性格特点来养育他们。

孩子们经常会发生争吵和冲突。他们可能会争抢食物、争抢玩具，甚至他们还会为谁来按电梯按钮吵得不可开交。这到底是为什么呢？当然不是因为孩子淘气——不过是因为他们大脑里有只小狒狒而已。

手足之间那些一触即发的时刻

1. 分享

俗话说“分享就是关爱”。真的吗？起码三岁以下的孩子真的不懂分享。

对于小孩子来说，被强迫跟别人分享东西是很痛苦的。

作家希瑟·休梅克曾经写过一本书《其实可以不分享》。在书里，他写道：“传统理念里，如果让一个孩子分享，其实就是让他马上把别人想要的东西让出去。作为成年人，我们自己会这么做吗？如果我们看手机看得好好的，突然有人来告诉你他想用你的手机。‘让我用你的手机打个电话。’你难道不会生气吗？作为成年人，我们也希望别人能够学会等待——我们可以把手机借给别人，但是肯定得保证我们自己先用完。那么孩子也一样，让孩子自己先玩够这件玩具吧。轮流玩，这才是分享。”

作为家长，我们应当让孩子来决定什么时候分享。所以，不要跟孩子说：“你再玩五分钟，然后就轮到阿拉贝拉了。”我们要做擅长处理孩子矛盾的家长，既要为孩子明确边界，也要让孩子增强同理心——孩子想玩这个玩具，可是他的妹妹也想玩。我们可以引导孩子自己说：“阿拉贝拉，我玩完了之后就给你玩。”

之后，我会详细给大家讲讲具体的话术。这里，我希望大家可以明白，强迫孩子分享自己喜欢的东西是强人所难的。孩子喜欢这个玩具，可能也需要这个玩具。我们要求孩子把东西让给别人，是不公平的。我们都知道，经过漫长的进化，人类的儿童——尤其是三岁以内的儿童，都有着原始的生存本能。孩子需要足够的食物及物资来让自己感到安全。如果在他们看来，这件东西关乎生存，他们能愿意让给别人吗？

对于孩子来说，一些鸡毛蒜皮的小事也很重要。比如，今天谁用蓝色盘子，谁玩黄色的球都是他们眼中的头等大事。每次孩子为了这些小事争吵的时候，麦克都会很抓狂。

后来，我建议麦克从孩子的视角来看问题。毕竟，孩子的大脑里住着一只小狒狒。这些事情在我们看来不重要，但是对于小狒狒来说就非常重要。麦克想了想，告诉我说：“也对，干脆就给他们买一样的东西就好了！”

很简单，直接给孩子们买一模一样的东西，这样他们就不会争抢东西了。

如果孩子总是争抢一件东西，别着急，我们可是超级调解员啊。直接给孩子们买两份：两个蓝色的盘子、两个黄色的球、两件一样的睡衣……不管他们争什么，一样买两份就好了。我们没必要在小事儿上那么较真。

我的好友史蒂夫·曼恩写过一本很棒的书《如何养出听话的狗狗》。在他的书里，他认为可以通过“控制环境”来避免狗狗做出一些负面的行为。比如驯狗的时候，如果我们不想狗狗咬坏我们的皮鞋，把鞋子收好就可以了。唉，这样类比不大恰当，但是养孩子的确也可以参考。避免兄弟姐妹之间的争吵，我们只需要“控制环境变量”。多简单！

等孩子长大到四五岁，他们自然而然地也会希望自己更独立、更与众不同。那个时候，他们可能也不想跟别人一样了。我们可以给孩子选择的机会：是买一模一样的东西，还是同一样东西不同的颜色。这样，我们也可以教会孩子如何做选择，进而培养孩子的自我意识。成年后，他们也通常会有更清晰的边界意识，更自信地做出各种决定。

我们也可以利用家庭契约（我在第八章中介绍过）来跟孩子约法三章，避免兄弟姐妹之间的争吵。我们可以跟孩子一起讨论，达成共识，然后用文字或者图画把这些共识写进家庭契约里。未来，在可能出现争端的时候，我们都可以参考这份家庭契约，“克莱门西用蓝色的杯子，威尔伯用红色的杯子”。

家长朋友们，孩子对自己的物品有着特殊的情感。在电影《玩具总动员 4》里，四岁的小女孩邦妮用叉子做了一个名叫“叉叉”的玩具。她非常喜欢这个小玩具，每天都把“叉叉”带在身边。邦妮刚刚开始上学前班，她很紧张，也有点焦虑。于是“叉叉”就成了邦妮的情感寄托。就像小女孩邦妮一样，玩具对于孩子有很大的情感价值。作为父母，我们应该尊重孩子，了解物品对于孩子的特殊意义。

当我们的孩子在专注地玩一件玩具的时候，请不要强迫孩子非得把东西让给别的孩子（可能是孩子的兄弟姐妹，也可能是他的朋友）。为什么呢？

（1）强迫孩子分享，可能会影响我们和孩子之间的亲子关系。因为，在他们需要我们的时候，我们没有“站在”他们那一边，孩子可能会因此对我们产生敌意。

（2）孩子会觉得我们偏心。他们甚至会觉得我们更爱其他孩子（他们就会更怨恨其他孩子）。

（3）孩子会觉得我们没有关注他们的需求。

“可怜天下父母心”，我们都希望自己的孩子既慷慨又善良。我们希望孩子富有同理心，可以学会为他人考虑。

但是，我们真的希望孩子长大后只考虑别人的需求，而忽视自己的感受吗？别人要什么，孩子就得给什么吗？请认真思考一下。因为这很重要。如果在孩子小时候，我们强迫他们跟别人分享自己珍贵的东西，那么我们不就是告诉孩子别人的需求更重要吗？

那么，我们应该怎么做呢？我们希望孩子可以拥有：

• 同理心——意识到别的孩子也想玩自己的玩具。

• 控制冲动的能力——通过语言来解决矛盾，而不是使用暴力。

• 团队协作能力——学会分享，做到双赢。

• 谈判能力——在不牺牲自己利益的前提下与人分享。

我们希望我们的孩子可以获得上述这些能力，成为一个有同理心的、慷慨的、自信的人。当然，不是所有0—5岁的孩子都可以做到这几点。

那么，我们应该怎么引导孩子呢？一起来看一个真实的案例吧。

我四岁的女儿克莱门西正在玩布娃娃。两岁的威尔伯跑了过来，一把抢走了布娃娃。克莱门西喊道：“妈妈，弟弟抢我玩具！”

然后她又对威尔伯大喊：“是我的。”说着，克莱门西又把娃娃抢了回来。顷刻间，家里一片哭号声。

战况升级了。这个时候，你可以使用一些我之前给大家介绍过的小工具。我决定使用 SAS 特种部队育儿法。我蹲下来，尽量让自己看起来不那么咄咄逼人。孩子们大脑里的狒狒已经开始抓狂了，我们尽量不要再刺激他们。于是，我看着克莱门西，努力跟她建立联结，我尽量保持自己的语言简洁。

说出你看到的情况（Say）

“克莱门西，你生气了吗？你是不是因为威尔伯抢了你的玩具才生气的啊？”

克莱门西点了点头。知道妈妈理解自己后，她慢慢冷静下来了。

但是，威尔伯还在哭。

确认事实（Acknowledge）

“威尔伯，你是不是也想玩这个玩具啊？”

这样，威尔伯也感受到了妈妈的尊重——原来妈妈也会倾听自己的声音啊。我理解威尔伯，他只是想玩玩这个玩具。但是我得让他明白这件事情的边界在哪儿。我用最简单的方式告诉威尔伯，他不可以直接抢走姐姐的玩具。

“我知道，你也想玩。可是你不能抢啊。克莱门西先玩的。”

威尔伯开始放声大哭。没错，现实就是这样，哭也没有办法。但是在他难过哭泣的时候，我可以陪在他的身边，帮助他一起接受和面对现实。

“威尔伯，我们不可以抢东西。”

我没有责罚威尔伯，因为他不过还是个小孩子，也没有犯什么原则性的错误。

及时安抚（Soothe）

对于两岁的威尔伯来说，现实真的很残酷。作为妈妈，我需要及时安抚他的情绪。

“哦，宝宝，妈妈知道你肯定特别伤心。你真的也很想玩这个娃娃对吗？”

威尔伯听懂了我的话，慢慢地安静了下来，看着我。

“亲爱的克莱门西，你也没有错啊。本来就是你先玩这个娃娃的啊。”

我让威尔伯靠在我的身上，试图给他更多安全感。然后，我鼓励克莱门西从威尔伯的视角来重新看这个事件。

“威尔伯，你能不能用语言来表达你想玩克莱门西玩具的这件事呢？”

就这样，威尔伯大脑里的猫头鹰宝宝开始思考了（他大脑里的“思考脑”还在发育中）。他伸出手指，指了指那个玩具娃娃，然后对克莱门西说：“我要玩具。”

“克莱门西，你看，弟弟只是想玩玩对吗？”克莱门西点了点头。

终于，她不再把威尔伯看成一个有威胁的竞争对手了。他不过是一个难过的小男孩。通过跟孩子对话，我培养了孩子们的共情能力。克莱门西不再生气了，通过从威尔伯的视角看问题，她明白了弟弟不过是想玩而已。

最后，我给他俩提出解决方案：

“克莱门西，你一会儿玩完了，能不能让威尔伯也玩一会儿呢？”

我鼓励克莱门西跟弟弟分享自己的玩具，但我并没有强迫她马上就让给威尔伯。我给她足够的空间，让她来决定什么时候分享。

“威尔伯，反正你要等姐姐玩完。不如咱俩先玩一会儿吧！”

让小朋友耐心等待是一件不太容易的事。作为父母，我们可以陪伴孩子一起等待，教给孩子什么是“延迟满足”。我们也借此教会孩子一个道理：就算有些事情不合你的心意，地球也不会停止转动。

听了我的建议，威尔伯开心地答应了。很快，他的注意力就转移到了别的东西上。现在他已经很放心了。反正克莱门西玩够了，就会轮到他的。十五分钟后，克莱门西玩腻了这个娃娃（这段时间，我也陪着威尔伯一起做着游戏）。她把娃娃递给了威尔伯。她把自己的玩具拿出来与弟弟分享，收获了快乐。

劳拉·马克汉姆和南希·埃森伯格是同胞关系领域的知

名专家。在研究中她们发现"送人玫瑰，手有余香"这句话真的是这样。如果我们逼着孩子分享玩具呢，结果会适得其反，而且孩子之后会更加不愿意与人分享。

那么在这个最常见的家庭小纠纷中，孩子们都学到了什么呢？在这个事件中，威尔伯学到了：

• 如果事情不能如我心意，哭也是没用的。

• 但是，我可以耐心地等着。而且，就算我没有拿到玩具，世界也不会崩塌（自我调节意识）。

• 伤心难过的时候，妈妈会陪着我，帮助我。

• 克莱门西把玩具让给我的时候，我可真开心啊。而且，在等待的过程中，我还发现了其他好玩的玩具。不过姐姐真的很大方，她最后还是把玩具给我玩了。真好！我学会了延迟满足。（好吧，威尔伯大概是不会说出"延迟满足"这么专业的术语的！）

此外，威尔伯还学会了用语言来表达自己的需求。他可以用语言来告诉姐姐他想玩玩具。有的时候克莱门西会马上答应，有的时候他可能得等一会儿，可是都没关系啊。

克莱门西也会从这个事件中学到她珍贵的人生真谛。以后，可能也会出现她想玩威尔伯玩具的时候，那么她也一样需要耐心等待。她知道，威尔伯尝过等待的滋味，对这种感觉感同身受。

• 如果未来她和弟弟再发生矛盾，他们可以找妈妈帮忙解决（而不是靠打架）。

• 与人分享是一件快乐的事情。“送人玫瑰，手有余香。”

通过这个事件，我们发现与人分享可以是一种正向循环。我们不强迫孩子把东西让给别人。相反，我们鼓励孩子学会共情，学会从别人的视角来看问题。一旦选择与人分享，他们就会体会到帮助他人的快乐和满足感。这不就是一种双赢吗？

通过这件事，孩子还学会了用语言来表达自己的需求。随着成长，他们在这方面也会做得越来越好。

我们也可以使用第八章里讲到过的“家庭契约”。比如，我们家的家庭契约里有这么几条：

· 如果大家都想要同一个东西，我们会排队等着轮到自己。

· 先拿到这个东西的人来决定什么时候给下一个人，但是最长不能占用东西一天。

· 如果有人来家里做客，你可以提前把自己不想分享的东西藏起来……

这个办法很好用。对于一些鸡毛蒜皮的小事，我们可以用“家庭契约”来约法三章。这样全家人都达成一致，日后出现矛盾的时候也更好解决。

在我们家，让不让别人玩自己的生日礼物是个难题。于是，我们全家会一起坐下来，共同商讨这个问题。在这个过程中，他们大脑里的猫头鹰宝宝也得到了锻炼。克莱门西立场坚定：生日礼物只能归本人所有。她的生日礼物别人可不能碰。威尔伯同意了。他说克莱门西也不能玩自己的生日礼物。可现实是，威尔伯过生日的时候收到了一把超酷的激光剑，克莱门西非常羡慕。她开始反悔自己一开始定下来的规则。于是他们姐弟俩又重新修订了家庭契约。

克莱门西让弟弟玩自己的小狗玩具，而她也可以玩威尔伯的激光剑。双赢！孩子们开开心心地在家庭契约上画上了一个包着蝴蝶结的礼物盒。本来家庭契约写的是“我们不分享生日礼物”。现在克莱门西大笔一挥，把这句改成了“现在我们可以分享生日礼物”。

当然，我们也不能指望孩子一夜之间就学会耐心等待和与人分享。我们都知道，孩子之间的磕磕绊绊在所难免。但是，只要我们陪在他们身边，悉心引导，他们一定会快速成长的。这个过程也许很漫长，但是相信我，终有一天，你会发现孩子们都长大了。他们可以心平气和地跟我们聊聊以前那些可能会让他们情绪崩溃的事情。他们也可以坐下来，跟兄弟姐妹一起商讨家庭契约。只要我们足够有耐心，孩子终将长大。

2. 肢体冲突

当感受到来自同胞的威胁时，孩子的本能反应就是反击。肢体暴力归根结底还是来自内心的恐惧。我们知道，愤怒是一种真实存在的情绪。我们希望孩子可以通过语言来合理地、有节制地表达愤怒，而不是直接靠武力解决问题。这需要时间，我们不能太急于求成。在本书之前的章节里，大家已经学会了很多实用的小工具：家庭契约、十分钟加油站、SAS 特种部队育儿法，等等。我们可以通过这些工具来培养孩子的沟通能力。我们希望孩子可以通过语言来解决矛盾和冲突，而不是靠拳头。但是毕竟孩子的大脑里住着小狒狒啊。狒狒眼疾手快，有时候我们还来不及反应……

让我们再看一个真实的案例：威尔伯辛辛苦苦地用乐高积木搭出了一座高塔。结果，姐姐克莱门西直接给他推倒了。威尔伯特别生气，动手打了姐姐。于是，姐弟俩都哭哭啼啼地来找我告状。

首先，我打算使用 SAS 特种部队育儿法（说出你看到的情况、确认情况、及时安抚）。我不仅需要跟威尔伯确认他的情绪，还需要帮助他来合理地发泄情绪。

“妈妈听到有人大喊大叫。我看到有两个生气的小人儿！怎么了？”

父母不要钻牛角尖，不需要非得搞清楚孩子们谁对谁错。请用心倾听每一个孩子的声音，理解每一个孩子。当然，我们也需要了解事情的真相。我们可以先让一个孩子来讲述刚刚发生的事情。下一次，让另外一个孩子先说。

“好吧，威尔伯，告诉妈妈发生了什么事情。”

“克莱门西把我搭的乐高塔推倒了！”

“哦，克莱门西推倒了你搭的积木。你真的很生气。我看到地上有乐高积木了。你好不容易搭得这么高，弄倒了真的很可惜！克莱门西，你来说说吧。”

“威尔伯一直很烦人，我就把他的积木推倒了。然后他就打了我！”

“所以，你觉得威尔伯有点烦，你就推倒了他搭的积木。然后他就动手打了你，对吗？你还疼吗？让妈妈看看哪里受伤了？”

你看，我没有偏袒任何一方，只是客观地陈述我听到的和看到的事实。不要添油加醋，只是实事求是地了解事实。

现在，当务之急是应该先安抚受伤的那个孩子：“好吧，妈妈知道你很生气。可是威尔伯，妈妈要先看看克莱门西伤得怎么样，然后妈妈再过来问你。”通过带着孩子们一起复盘，我引导两个孩子思考，矛盾是怎么出现的。在这个过程中，公平公正，会让每个孩子都感到被尊重。这样，孩子们也会心平气和地跟我一起想解决办法。这一过程也培养了孩子们的情绪调节能力。

其次，寻找问题的解决办法。我通常会鼓励孩子从对方的视角去看问题。我也会让孩子进行反思，如果同样的情况再次发生，他/她会采取哪些不同的方式。

例如，在威尔伯还不到三岁的时候，我会直接替威尔伯与克莱门西沟通：

“克莱门西，你看，我是不是很生气呀？”

我会鼓励克莱门西看着威尔伯，努力读懂威尔伯脸上的表情。我希望克莱门西可以明白，威尔伯是生气了。

后来，威尔伯大了一点儿，我就鼓励他用自己的语言来跟姐姐沟通。“威尔伯，你可以用自己的话，告诉姐姐你很生气吗？”“而且，威尔伯，我们家是有规定不能打人的。在我们家，谁都不能打别人，所以你不可以打姐姐。如果你很生气，但是又没办法用语言说出来，你可以来找妈妈帮忙，好吗？”

我相信大家都不希望自己的孩子之间出现肢体冲突。可是孩子们的大脑里住着小蜥蜴和狒狒，有的时候他们一激动，就直接动手了。那么，作为父母，我们应该如何引导孩子发泄自己的情绪呢？

给父母的小贴士

小枕头的大作用

我们都知道，在 0—5 岁儿童的大脑里，住着一只小蜥蜴和一只小狒狒。他们关注的头号问题就是生存。因此，但凡他们感到生存受到威胁，他们就会出现行为失控的现象。所以，很多时候，小孩子的行为是不受理性控制的。

如何帮助孩子合理地发泄情绪？引导远比惩罚有用得多！我们可以引导孩子合理地、安全地发泄自己的愤怒，而不是简单地惩罚孩子，让孩子的负面情绪得不到发泄。这

样，孩子的负面情绪会持续累积，日后也会继续出现攻击别人的现象。

首先，我们应当明确孩子行为背后的真实原因。在我家，我会跟孩子们一起给各种情绪命名（参见本书的第四章）。我会告诉孩子们：伤心委屈的时候，你会感到愤怒。而愤怒是一种真实存在的情感。之后，我会鼓励孩子们独立思考，想一想如何更安全、恰当地宣泄自己的情绪。

我会告诉孩子们再怎么生气也不可以打人。之后，鼓励他们积极思考，想一想有没有什么其他方式来安全地宣泄愤怒。威尔伯想到了："妈妈，我可以打枕头！"这真的是一个绝妙的想法。威尔伯意识到了自己的情绪，而且也找到了一个安全的发泄方式。于是，我拿起一个枕头，递给威尔伯。突然，他们姐弟之间剑拔弩张的气氛就缓和下来了。取而代之的，是一种轻松的氛围。因为，抱着枕头乱打一气的威尔伯真的很可爱。此时此刻，威尔伯找到了一种合理宣泄自己情绪的方法。他也明白了，生气不过是一种真实的情绪，没什么大不了的。只要我们能合理地表达愤怒就好了。（后来，我也把这个小方法介绍给了很多心理咨询师。事实证明，这个方法在小孩子身上屡试不爽。）渐渐地，威尔伯打枕头的频率变得越来越低，他逐渐学会通过语言来表达自己的情绪了。

我们需要专注地倾听孩子，注视着孩子，让他们感到被重视，让他们感到自己的各种情绪都很正常。接下来，我们就可以带着孩子一起寻找解决方案了。在刚才的事件里，我先是查看了克莱门西的手臂，接着鼓励他们姐弟俩一起合作："好吧，大家一起来，我们再搭一个更高的乐高塔吧！"

请记得：

• 让每一个孩子都感受到被尊重、被倾听。这样，孩子们才能逐渐培养自身的情绪调节能力。

• 我们可以修复现状（重新搭一个乐高塔），也可以告诉孩子们，如果再发生冲突，可以找妈妈帮忙解决问题。

• 教孩子用语言来表达自己——"我很生气！"——而不是打人。

后来，我跟孩子们一起讨论，郑重地在我们的家庭契约里加上了一条关于打人的条款。克莱门西把自己和弟弟的手掌全都涂上了红色的颜料，把掌印盖在了一张纸上。克莱门西写道："不能打人！"并且，我们还在纸上画了一个乐高积木塔，并且在上面打了一个大大的叉。这代表在我们家，不管多生气，也不能损坏别人的东西。

当孩子生气时，父母请不要指责孩子。帮助孩子一起寻找一种安全合理的发泄途径吧：打一个枕头，做开合跳，或者直接跳萨尔萨摇摆舞……这样孩子大脑里聪明的猫头鹰才可以茁壮成长，他们才能学会用语言来表达自己的感受。这是一项他们长大后都很有用的技能。

当然，我们不能希望孩子一夜之间就能发生天翻地覆的变化。毕竟孩子还小，他们需要时间来学习掌握一项新技能。就像控制肌肉需要练习一样，他们也需要锻炼自己的语言表达能力。当他们每一次感受到愤怒的情绪时，我们都可以帮助他们来学习如何使用语言来表达自我。

这个过程可能非常耗费精力、非常漫长。但是请相信我，这是我们能为孩子做得最值得的一件事。我自己也花了很长时间来引导威尔伯正确地处理情绪。有一晚，我从单位的新闻直播间打电话回家。威尔伯接了电话，他告诉我说："妈妈，克莱门西不听爸爸的话。爸爸正在发脾气呢，我觉得爸爸需要一个枕头！"那一刻我知道，威尔伯长大了。

3. 谁占上风

我的朋友马修曾经给我写过一封信。信里写道：

> 我的两个孩子年龄差不多，可是我的儿子总是想证明自己比姐姐更重要，于是姐弟俩总是会争来争去。在公园里，他们会比谁跑得更快；在楼梯间，他们会比赛谁先按下电梯的按钮。甚至，他们还会为了谁能坐在我旁边而争吵。不管是因为什么事情争吵，他们最终总是会以肢体冲突收场。作为父亲，我真的觉得自己无能为力（尤其是，大多数时候我都不知道他们到底发生了什么矛盾）。

其实，手足之间确实存在着这样一种微妙关系——到底谁占上风？我们前面讲过，性别、脾气秉性以及年龄差都是影响同胞竞争的关键因素。如果两个孩子年龄差不多，小孩子可能会想努力证明自己。他会不断地试探，试图证明自己才是更重要的。

马修提到的这种情况并不罕见。通常两个孩子会闹得怒气冲冲，甚至大打出手。那么，父母应该怎么做呢？

首先，请想一想，孩子们之所以争来争去，真的是因为他们在意谁先按了电梯的按钮，谁跑得更快吗？还是因为他们希望得到父母更多的关注与陪伴呢？

其次，如果孩子一直处在“主导”的地位上，总是对其他兄弟姐妹颐指气使，这样真的好吗？作为父母，我们应该及时干预。我们不希望家里有任何不良的家庭风气，不希望孩子日后的生活陷入这种“争强好胜”的怪圈。如果孩子习惯了每次都“赢过别人”，那么日后他可能会变得控制欲强、喜欢发号施令。相反，如果孩子习惯了每次都放弃自己的立场，那么日后他可能总是会把自己放在“受害者”的位置上。

如果孩子总喜欢去控制别人，这种控制欲很大程度上来源于他们内心的不安全感，以及他们内心的恐惧——担心自己无法控制自己的人生。那么，我们可以帮助孩子获得对自己人生的掌控感。比如，我们可以在玩耍中赋权给孩子。第十一章里讲到过的“英雄一小时”就是一个很好的机会。在这一小时里，我们可以充分地让孩子当家做主，让他们自己做决定。当然，我们也得跟孩子明确好边界，讲好哪些事情是绝对不能做的。

对于那些习惯了顺从别人的孩子，我们更要帮助他们找到内心的声音，教会他们如何不卑不亢地告诉别人自己的底线，以及哪些行为是他们不能接受的（对于这样的孩子，我们需要帮助他们明确自己的边界）。

解决问题

我们需要培养孩子的团队协作能力，这样孩子之间的争吵才会越来越少，他们大脑里聪明的猫头鹰也可以茁壮成长。

团队协作可以让孩子学会珍贵的人生一课：不管遇到多么困难的问题，我们都一定能找到解决方法。每当孩子之间出现矛盾的时候，我们可以鼓励孩子学会协作，找到一种双赢的解法。当然，如果他们都很气愤，就要先让他们平静下来。

当他们情绪不再激动的时候，当他们大脑里的狒狒冷静下来的时候，我们就可以开始向他们提问了。这个时候，他们大脑里的猫头鹰宝宝也开始思考了。当克莱门西推倒威尔伯搭的积木塔时，我这样提问：

“我们应该怎么解决现在的这个问题呢？”

克莱门西不假思索地答道：“把威尔伯赶出家门！”此刻，我们三个人都围坐在地板上，共同商讨着解法。我笑笑说：“这也算是一种解法。”

然后，我从玩具箱里拿出来了一个玩具。“好吧，这个玩具就是威尔伯。现在我们把它拿出来，不许它和其他玩具待在一起（其他玩具指的是我和克莱门西）。”

我又问威尔伯：“儿子，你觉得呢？”

“把克莱门西赶出去！”

我照办，把另外一个玩具也拿了出来。

“好了，现在我把你们两个都赶出家门了。想一想，还有别的办法吗？”

威尔伯磕磕巴巴地说：“也许……我们可以做到不再打架？”

“嗯，特别好——这样就不用把你们两个都赶出去了！”我笑着鼓励道，“但是你们两个怎么能做到不打架呢？”

“我们可以来找你帮忙呀。”威尔伯回答说。

“我知道！我们可以用语言来解决问题。”克莱门西回答说。

“嗯，是个好办法！”我不禁微笑。

作为父母，我们可以提前想好话术，用来启发和引导孩子。语言要简单易懂，符合孩子的年龄层次。比如，我们可以这样来提问：

- “嗯，怎么了？我看到两个小人儿都很生气——你们能不能轮流告诉我发生了什么事？”
- “我能帮助你们吗？”
- “我们应该怎么解决呢？”

• “我们还能怎么办呢？”

别忘记 SAS 特种部队育儿法——说出你看到的情况；如果孩子很气愤，请告诉孩子你理解他们的感受；最后及时安抚孩子。我们可以提前想想这些话术，下一次矛盾出现时，相信你一定会看到孩子的变化。你一定会为他们的表现感到惊喜的！

道歉

不要强迫任何一个三岁以内的孩子给别人道歉。

请谨记，孩子大脑里聪明的猫头鹰只有在三岁之后才会“上线”（根据布鲁斯·佩里博士的理论）。而且这只擅长理性思维的猫头鹰需要一个漫长的成长过程。孩子需要时间来学会理性思考，学会明辨是非。

我们当然需要引导孩子学会独立思考，培养他们的思维能力，但是，强迫孩子道歉并不是一个很好的方法。因为只有当孩子真的感到抱歉的时候，他们才会发自肺腑地跟别人说“抱歉”。这个时候，他们才会真诚地注视着对方的眼睛，真正地从对方的角度思考问题。只有这个时候，他们才学会了与人共情。所以，不要急着强迫孩子道歉。只有他们真的觉得抱歉，道歉才有意义。我们需要帮助他们学会思考，帮助他们意识到他们对别人造成的伤害。

其实，我们成年人也是一样的。只有当我们真的感受到自己伤害了别人时，我们才能真心诚意地对别人说一声抱歉。相信我，这需要很大的勇气。因此，我们需要学会与他人共情，体会他人的感受。我们也需要帮助孩子形成强大的自我认知。这样，在孩子跟别人道歉的时候，他们也不会对自身产生其他的负面认知。孩子才会明白，自己是在为自己的行为道歉。做错了事情不代表自己是一个差劲的人，也不代表明天就是世界末日。

试想，如果孩子做错了一件事情，我们就惩罚孩子，并且命令孩子跟别人道歉（或者有的家长会要求孩子手写道歉信），这样真的是最优解吗？不，这不是最佳解决方案。

我们不需要强迫他们做他们不认同的事情。相反，我们可以教会他们如何与人共情、拥有同理心。这样，孩子长大后也会成为一个有同理心、会共情的成年人。他们只有能够换位思考，才会发自肺腑地说抱歉。

孩子们会模仿父母的行为。所以，请用自身的言行为孩子做一个正面的示范。

对于五岁以内的孩子，我们可以参考下面这段话术：

“看看你弟弟的脸，你觉得他感觉怎么样呢？”“他很伤心。”

“那你觉得他为什么伤心呢？”“因为我打了他。”

当然，事情可能不一定会按照上面的话术发展。毕竟，孩子的大脑里还有只狒狒。当情绪过载时，狒狒可能出现失控的行为。

但是我们还是要继续尝试，培养孩子的同理心。我们也需要让受伤的孩子感受到我们的关爱与理解。我们需要给予孩子平等的关注，帮助孩子找到解决方案。

关于手足之争，我经常会听到这样的问题：我们到底怎么调节孩子之间的矛盾呢？如何才能让孩子们成为一辈子的好朋友？

答案很简单：就是你啊。

你的支持、你的帮助可以改变家庭氛围，你的努力可以让家庭凝结成一个和谐的团队。

我们可以帮助孩子装满他们的“情感水杯”，让他们感受到来自父母的爱与关怀。我们可以让他们知道，如果家里着火，我们会努力救出每一个孩子。我们可以让每一个孩子都得到“足够的爱”。只有我们，能够减轻孩子的竞争压力。

其实，孩子对于兄弟姐妹的嫉妒源于他们内心的恐惧。而恐惧则源于孩子的担忧——他们担忧自己不是跟父母最亲近的那一个。所以，解决手足之争，关键在于父母如何做。

0—5 岁是孩子成长的一个关键时期，而父母可以带给孩子一个金色的童年。

猫头鹰智慧锦囊

- 手足之争其实是人类进化的自然结果。
- 只有当孩子们感受到父母足够的爱时，他们才会有足够的安全感，兄弟姐妹之间的竞争也会得到缓解。
- 父母的关爱与支持可以帮助孩子们成为一辈子的朋友。
- 父母才是孩子们最棒的争吵终结者！

手足之争很常见，一点儿也不稀奇。我们可以帮助孩子们学会如何解决纠纷、如何信任彼此。不管孩子们的年龄、性别、性格如何，我们都可以成为他们的最强调解员。有了我们的悉心教导和关爱，孩子们才可以成为终生的好友。

13

如何帮助孩子应对入园焦虑？

一个拥抱可以改变世界。

——古蒂·辛格博士（英国综合儿童健康质量提升研究院儿科登记员）

九月，一个寒冷的早晨，我坐在一张木椅上，给刚满三个月的威尔伯喂奶。我的四周堆了很多湿漉漉的雨衣和五颜六色的小雨靴。这些雨靴上溅满了泥点，一看就知道，孩子们早晨上学一定走过了泥泞的小路。我在自己温暖的外套下缩了缩身子，把威尔伯抱得更紧了一些。威尔伯在我的外套下一边吃奶，一边发出呼噜呼噜满足的声音。

“妈妈，你还在吗？”一个扎着两个小辫子的女孩跑进来喊道。她穿着一件蓝白相间的条纹衫。这件衣服大大的，衣摆一直垂到了她的膝盖。她还不到三岁呢。我的心一瞬间融化了。

“你好呀，宝贝。对，妈妈一直在这儿。”

看到我还在，克莱门西满意地离开了，重新回到同学的身边。幼儿园里有很多小朋友，他们一起读书、玩耍。不到十分钟，克莱门西又跑了过来：“你好呀，妈妈。”她声音夸张，像在唱歌。她冲我笑笑，又拍了拍威尔伯，然后一溜烟地跑开了。

今天是克莱门西上幼儿园的第五天，而我已经在这个寒冷的、放鞋子的房间待了三天了。有时候，我也觉得自己有点可笑。我和威尔伯一起待在家里，暖暖和和的不好吗？但是我忘不了克莱门西去幼儿园的第一天：她撕心裂肺地哭着，求我不要离开她。我的心真的碎了。尽管我和我的先生麦克都认为三岁是入园的最佳时间，但是威尔伯的到来让这一切变得没有那么顺利了。

在人们传统印象里，三岁是入园的理想时间。这个时候的孩子会开始学着独立，学着与人交往。可是，如果这个时候家里有新的孩子出生呢？比如，克莱门西在面对弟弟的到来时，她是什么样的感受呢？她很纠结。一方面，她的确希望获得一些自由和独立；可是另一方面，她又出现了严重的错失恐惧症（FOMO)——她担心自己不在的时候，弟弟会抢走自己的爸爸妈妈。

克莱门西的幼儿园老师都劝我说："没关系，你走了她就不哭了。"但是，我真的没办法离开哭泣的克莱门西，所以在经历过第一天的哭泣之后，我恳请幼儿园同意我留下来陪陪克莱门西。当然，我也担心自己是不是过于敏感，于是我专门去咨询了我的心理咨询师朋友丽莎·艾丽。

"为什么别人要在你孩子难过大哭的时候把孩子从你身边带走呢？"丽莎温柔地问，"或者，想一想，孩子为什么会大哭呢？（在你家）孩子刚刚迎接了一个新的家庭成员。之后呢，妈妈又要求她离开家，去一个陌生的地方。克莱门西这么大的孩子还没有时间观念，根本不知道爸爸妈妈什么时候会来接自己。甚至，她都不知道爸爸妈妈还来不来接自己。"说完，丽莎目光温柔又坚定地看着我。

我静静地坐着。瞬间，我想明白了。设身处地地想想，作为一个大人，这种情况我自己都很难处理，何况克莱门西呢？

失去和变故都是人类永恒的话题。那么，当失去和变故发生在孩子身上时，会对孩子产生哪些影响呢？尤其是对于那些年龄很小的孩子，他们的身心会出现哪些变化呢？

首先，科学研究表明，对于小孩子来说，与父母分离所产生的焦虑感是真实存在的，并且产生焦虑感的大脑区域也负责处理生理上的痛觉。所以，这种分离焦虑会让孩子真真切切地出现躯体上的痛苦，从而出现全身性的应激反应。孩子不可避免地会经历这些失去和变故。在孩子小的时候，父母离异、好友离开或者搬家、第一次入园 / 入学……这些都可能成为孩子生活中的重大变故。尽管在大多数父母看来，孩子入园 / 入学意味着他们更加独立，是一件好事，但对于孩子来说，这些事都是非常大的挑战，可能会引发他们极大的情感变化。

作为父母，我们应该正确地引导孩子、帮助孩子。我们如何处理这些变化决定了孩子如何看待这些变化，他们在未来也会用同样的方式来处理相似的事件。所以，我们应该尽力帮助孩子处理生活中的这些困难。

孩子的大脑里住着蜥蜴和狒狒，我们要帮助他们学会适应变化，并且变得更加强大。可能一开始会不太容易，但我们一定要坚持，帮助孩子正确面对人生中的各种变化。不要觉得孩子“黏人”，他们只是想离我们近一点儿。“黏人”这个词总是有点贬义。孩子喜欢跟父母待在一起，是因为他们希望父母陪在身边，他们也更有安全感。这无可厚非。看看动物世界，大多数动物的幼崽都是“黏”在父母身边的。

对于孩子来说，与父母分离是会让他们感到焦虑的。可能你只是去一下厨房，短暂离开一下他们的视野；可能你第一次送孩子去上幼儿园，需要分离一天……对于孩子来说，他们都会感到不安和焦虑的。他们不想离开我们，因为他们还没准备好自己一个人去面对。没关系的。我们只需要给孩子足够的支持，正确地引导和帮助孩子，让孩子感到安全，孩子也会更加独立。他们大脑里的蜥蜴和狒狒也会感到更加安全坚定。

相反，如果我们没有给予孩子足够的支持呢？如果我们在孩子很小的时候，就狠心让他们独自面对变化，让他们独自处理自己的情绪，他们的身体里会分泌出大量皮质醇和肾上腺素。这些应激激素会让孩子的身体处在持续应激的状态下。作为大人，我们也不喜欢变化。我们不喜欢搬家，不喜欢换工作，更不想失去我们爱的人。但是与孩子不同，我们可以理性地思考。我们知道搬家虽然很烦，但是不会一直搬家；换工作虽然让人觉得不安稳，但是我们会慢慢融入新工作；失去爱的人固然很难过，但是我们可以跟朋友倾诉，减轻自己内心的悲伤……我们知道，一切都会过去的！可孩子呢？他们可没有理性思考能力。他们无法一个人独自去“处理”这些复杂的人生变故。

接下来，我们一起来看看五岁以内的儿童会面临的人生变故主要有哪些吧。了解孩子的大脑结构和特点后，相信我们一定能给孩子足够的支持和帮助，一定可以带着足够的理解和同理心，帮助孩子一起走过困难的时光。

早期阶段的分离

婴儿不能用语言来表达自己的情感，作为父母，我们应该正确地帮助孩子度过人生的各种过渡阶段，确保孩子的心理健康。很多家长会面临一个窘境——我们根本没法离开孩子一步！

哪怕是短暂地离开一下房间，对于孩子来说也是很艰难的。还记得吗？在婴儿的大脑里，有着一只蜥蜴和一只狒狒，他们两个的首要任务就是确保生存。但凡有威胁到生存的事发生，他们都会拉响警报，出现应激反应。婴儿的大脑里，聪明的猫头鹰还没有长大，他们还没有时间观念，就算只是短暂地跟爸爸妈妈分开一下，他们也会觉得非常恐惧。因为他们不确定呀：爸爸妈妈还会再回来吗？什么时候回来呢？父母如果不在身边，小孩子是可以感受到的。那么知道了这些，下次孩子再出现分离焦虑的时候，我们应该怎么做呢？很简单啊，把孩子带在身边就可以了。

孩子并不是“胆小”或者“黏人”，只是他们在这个年龄段格外需要父母。当父母不在身边的时候，他们自然会感到不安。自然界中，所有动物的幼崽都是这样，会出现分离焦虑的。所以，我们只需安抚好他们大脑里的小蜥蜴。

我们可以告诉他们，我们只是短暂离开一下，一定会回来的。换句话说，我们一定不会抛弃他们的。但是，如果我们需要长时间地离开孩子呢？比如，我们要重返职场了，应该如何帮助孩子过渡呢？我的好友丽莎·艾丽建议父母朋友们需要帮助孩子做好心理建设，受她启发，我发明了下面这个小工具。

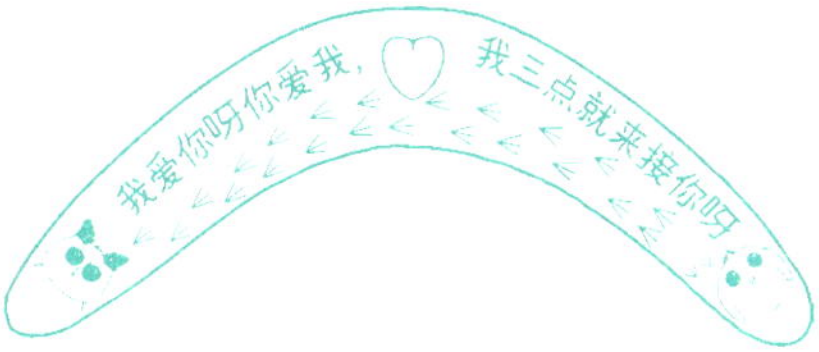

给父母的小贴士

回旋镖拜拜

我记得我的孩子们还小的时候，我的好友丽莎就建议我跟孩子们建立一种仪式感。她说："在回去上班之前，你就可以跟孩子一起建立你们母子之间的仪式感。通过这个方式，让孩子们明白妈妈一定会'回来'的。"比如，当我想短暂地离开房间去趟洗手间，我可以对孩子们说："妈妈马上就回来。"不用担心孩子小听不懂。只要每次离开孩子的视线，我们都会跟他们说："妈妈马上就回来。"不管我们离开几分钟，每次回来的时候，请大声跟孩子打招呼："妈妈回来啦！"

丽莎指出，通过母子之间的这种小小的仪式感，孩子会慢慢地建立一种安全的模式。孩子还很小，他们没有时间观念，所以他们根本不知道我们每次说"离开"到底会离开多久。通过这种循环往复的仪式，孩子会渐渐地学会信赖并依靠父母。一段时间后，只要我们在离开孩子视线的时候对他们说“妈妈马上就回来”，他们就不会慌乱，因为他们知道，只要妈妈说会回来，她就一定会回来。

当我们需要长时间离开家的时候，或者当我们需要把孩子拜托给别人照顾的时候，我们可以使用“回旋镖拜拜”这个小方法。哪怕我们只离开一小会儿，我们也可以通过建立仪式感来让孩子感到更安全。

传统育儿理论经常建议父母们悄悄地离开孩子。在传统理论里，如果我们告诉孩子自己即将离开，孩子可能会因此被“激怒”。事实再一次证明，传统育儿理论是不正确的，我们不要再被这些观念误导。如果我们离开孩子，还“不告而别”，我们不仅会激怒孩子，还会惹毛孩子大脑里的狒狒和蜥蜴，让他们一直处在抓狂的状态。因为他们根本没想到，自己那么信任爸爸妈妈，可是他们却会突然站起来离开。反之，如果我们努力营造“说拜拜”的仪式感，就可以锻炼孩子的独立性和适应性。所以别再偷偷溜出屋子了（或者从幼儿园悄悄离开），因为这样真的会适得其反。

1—3 岁的幼儿

这个年龄段的孩子已经过了新生儿的阶段。出于各种原因，我们可能需要把孩子临时交给保姆、亲戚或者托儿所来照看。关于入园，我会在本章的后半部分来详细讲解。这里，我想先给大家支几招。

给父母的小贴士

保持在场

我们已经知道，孩子天生就依赖着我们，希望跟我们在一起。既然这样，他们在跟父母分离的时候一定会产生焦虑。作为父母，我们可以安抚他们的不安和焦虑，帮助他们平稳度过这段过渡时期。

应对分离焦虑，父母的帮助和支持缺一不可。就像学游泳一样，我们不可能指望孩子“被扔到水里就会游泳”。孩子需要我们的指导和帮助，才可以慢慢地学会独立。我女儿克莱门西第一天入园的时候，我主动找到了幼儿园的领导，希望他们可以同意我的一个小小请求：为了帮助克莱门西顺利度过入园这个阶段，我希望可以保持在场。对，我希望可以在女儿刚入园的时候陪在她的身边。很幸运，幼儿园的领导同意了。可是，目前唯一能让我待着的地方就是那个湿漉漉冷冰冰的储鞋室。尽管条件恶劣，我还是接受了，因为我知道，克莱门西需要我。在她初入园的阶段，她需要我“在场”——在面对新环境的时候，她需要一个她熟悉的人在自己身边。这个人可以是妈妈，也可以是其他照顾人。在幼儿园里，克莱门西可以尽情玩耍。与此同时，她也知道妈妈一直在那里。只要她想妈妈了，就随时可以过去看看妈妈。通过这种方式，克莱门西更加信任我。由于我的出现，她开始觉得这个陌生的环境也很安全。建立了安全感之后，她大脑里的小狒狒就可以开始尽情地玩耍了。她享受独立，开心地玩耍。慢慢地，她发现幼儿园里还有很多她可以信赖的人。于是，妈妈在不在场好像也没有那么重要了。

父母“在场”的重要性可以从传统社会中得到印证。孩子在跟父母建立起亲密的联系之后，才会逐步地寻求独立。先有安全感，才有独立。当小狒狒觉得安全的时候，他才会好奇地探索这个世界，勇于结交朋友。这也是孩子身心发育的过程。在传统社会中，孩子每天都会跟很多大人和孩子打交道。可是只要他们需要，他们的父母随时都在场。尽管我们的孩子生活在现代社会，可是他们依然保留着一样的原始的大脑。

这也是为什么孩子在入园的时候需要一个过渡期：因为这里离家很远，也没有爸爸妈妈。孩子需要安全感，他们需要相信这里是安全的。而且，在这里他们也需要有可以信任的人。这也是为什么在幼儿园里，孩子需要找到自己的“关键人物”。孩子可以信任这个关键人物，从他们身上获得安全感。这样，即便爸爸妈妈不在身边，他们也可以有足够的安全感。

在克莱门西入园之后，我告诉她：妈妈每天都会在那个小屋子里陪着她，直到她不再需要妈妈陪着上学为止……我还告诉她不管任何时候，她都可以在那里找到妈妈。我会一直开着房门，克莱门西随时可以过来找我。第一周，每一天清晨，克莱门西都会穿梭于教室和我待的这个小房间。她奔来奔去，只是为了检查我是不是恪守诺言。只要她看到我还在这里，她就会心满意足地跑开，转身去参加丰富多彩的幼儿园活动。过了一段时间，我觉得时机已经成熟了，便对克莱门西说："妈妈要出去买一杯咖啡，可能过一会儿才能回来。""你还会回来吧？"克莱门西有点犹豫。"当然了，宝宝。妈妈一定会回来的。"克莱门西站在那里，过了一会儿，她说："好吧，妈妈。一会儿见！"说完，她又转身跑到教室去了。

我如释重负，感到非常欣慰。我沿着木头台阶一级一级地走出了幼儿园。终于，我可以离开女儿，出来买一杯咖啡了（那一瞬间，我看到克莱门西的老师们也如释重负）。一个半小时之后，我重新回到了幼儿园，来接克莱门西回家。看到我，她很开心。回家的路上，她像只小鸟一样一直叽叽喳喳。她兴奋地告诉我在我离开的这一个半小时里自己都做了什么。

从那之后，克莱门西就不再要求我陪着她了。她成功地完成了入园过渡期。而且在这个过程中，她一直很开心，我也很开心。

三岁以上的孩子

这个年龄段的孩子相对而言更加独立，他们大脑里的狒彿鼓励他们勇于尝试、积极冒险。这个阶段，如果我们没有办法随时陪在孩子的身边，我们可以选择一个过渡时期用的小物件，来帮助孩子度过这个阶段。

给父母的小贴士

口袋里的鹅卵石

可能，你的孩子在每天玩耍时都会带着一种特殊的玩具，这个玩具可以让他们得到及时安抚。在入园或者入学的时候，孩子可能还是需要带着这件特殊的玩具。这个时候，我们可以跟学校沟通，看看能不能让孩子在入学的第一周先带着这个玩具。毕竟，安抚玩具可以帮助他们顺利度过入学的适应阶段。我们不用担心孩子到哪儿都需要带着它。相反，我们应该及时反思，想一想孩子这么做的深层原因到底是什么。孩子这么做，很大程度上是因为缺乏安全感，作为父母，我们需要帮助他们来度过这个阶段。

请记住，我们在孩子身上花的时间和精力是我们能给孩子的最好的礼物。请不要觉得孩子一直拿着安抚玩具是他们有什么“毛病”。相反，我们可以和学校一起携手，帮助孩子平稳度过入学阶段。比如，我们可以尝试看看学校能不能在过渡期为孩子配备一名“专属教师”。在家，我们是孩子坚固的“磐石”；在学校，老师就是孩子的心理依靠。当然，孩子不会一直需要依赖一名教师，只要他们慢慢地开始觉得安全，他们就会变得更加独立。这时，他们也就不再需要这位“专属教师”了。

如果孩子目前没有安抚玩具，我们可以帮助他们一起找到这个特殊的物件。比如在每周的“英雄一小时”玩耍时，我们可以鼓励孩子去寻找自己的安抚玩具。

安抚玩具可大可小，甚至可以是一枚小小的鹅卵石。尽管东西很小，但这是让孩子可以联想到父母的寄托物。孩子一个人在学校的时候，看到这个玩具，就可以想到爸爸妈妈，从而获得更多安全感。

我的好朋友罗西特别有创意。在儿子入学的第一天，她在儿子的手腕上画了一个小小的爱心，也让儿子在自己的手腕上画了一个同样的爱心。于是，这变成了罗西和儿子之间的一个小小的仪式。儿子一天天长大，他们每天都在彼此的手腕上画上爱心。这不仅安抚了儿子，也让罗西悬着的一颗心得以放下。

在我们每次与孩子分离的时候——不管是送孩子去爷爷奶奶家住几天，还是我们需要出门跟伴侣约会几个小时，我们都可以及时告知孩子，并且安抚孩子。我们可以找出一个小物件给孩子，让孩子看到这个玩具，就可以想到我们。这就是安抚玩具的魔力。

所有儿童

不管孩子的年龄多大，他们都需要安全感。孩子需要感受到与父母之间的联结。有安全感的孩子在离开父母的时候，也可以从容自如。

给父母的小贴士

仪式感

我在前面介绍过“回旋镖拜拜”这个方法。其实，这就是一种仪式。我们可以通过仪式感来增进我们和孩子彼此之间的信任。通过不断地重复，我们可以给予孩子安全感，他们大脑里的小狒狒也会感到安定、平稳。仪式感对于孩子很重要：他们需要通过特殊的仪式来获得安全感。这样，孩子才会明白：当父母不在身边的时候，自己和父母的联结依然存在。

大脑的奥秘

在孩子入园或者入学时，他们需要安全感。孩子需要与他人建立积极、稳定的依恋关系。

这个人需要了解孩子的性格特点，可以熟练地安抚孩子，知道孩子那些特殊的小仪式。比如说，我女儿在进校之前，必须要在窗户里跟我摆摆手。一开始，幼儿园的老师们还不知道她的这个习惯。了解了之后，老师们帮她在窗边放了一级台阶。这样，她就可以站在台阶上跟我招手。我觉得这个办法很好，就把这个告别仪式介绍给了其他一些幼儿园。我儿子的告别仪式跟我女儿的不同，也很有意思。他每天都要我给他读一遍《吞下苍蝇的老奶奶》这本绘本。如果你选择的幼儿园不够人性化、不够灵活，那么这个幼儿园就不是你最好的选择。

——琼·奥沙利文（英国帝国勋章获得者、伦敦早期教育基金会 CEO）

我记得在我儿子威尔伯一开始上学的那段日子，每天早晨去上学的路上，我们都会一起唱一首歌。这首歌是这样唱的："我爱你呀你爱我，我三点就来接你呀。"唱着唱着，威尔伯变得越来越有安全感。因为他知道下午三点，妈妈一定会来接他回家的。还记得布鲁斯·佩里博士的理论吗？歌声或其他有节奏感的韵律对于孩子有很强的安抚作用，节奏感可以安抚孩子大脑里不安的小蜥蜴。

入园 / 入学

来假想一下这个场景：

你的一个朋友邀请你参加派对。她开车带着你到很远的地方去参加派对。你的朋友很兴奋，因为她认识派对上其他人。可是她忘记了——派对上，你谁也不认识。你告诉朋友，自己有点紧张，不确定会不会玩得开心。而她只是匆匆忙忙地安慰你，让你安静，告诉你不用担心。到了这个派对，你发现这里人山人海，音乐震天响，你根本听不清其他人说话。顷刻间，你的肾上腺素开始飙升。你想走了……这时，你的朋友过来抱了抱你，说她要先走一步。她把你拉到另一个朋友身边，而这个朋友直接一把把你拉到了人群中央。你求助地回头看看，你的朋友已经走了……好吧，你开始慌了，你根本不知道这个朋友还会不会回来，你也不知道自己一个人应该怎么回家。

想象一下，这就是孩子第一天上学时真实的心理感受。

孩子入学不仅是他们成长过程中的里程碑，也是家长的一件人生大事。作为父母，我们可能会感到有点紧张、有点兴奋。相信我，你的孩子也有着同样的感受。而且，孩子可能会比你预想中更焦虑。

请记得，孩子如果感到焦虑，或者表现得有点“黏人”，都是正常的。可能他们在刚入园的头几天遇到了一些困难，他们大脑里的小蜥蜴就把关于幼儿园的负面记忆存储到蜥蜴记忆库里了。不管孩子因为什么出现了入园焦虑，我们都可以正面引导孩子。我们可以跟孩子确认他们的感受，用幽默的语言来缓解孩子的焦虑情绪。请不要简单地丢给孩子一句“哦，没关系的”或者“行了，你是个大孩子了”。

大量科学研究发现，孩子在日托机构或者学前班里会出现多次全身性的应激反应。相比待在家里的孩子，这些孩子的大脑会分泌更高水平的皮质醇。这个研究结果让很多家长难以接受。

我们都不希望孩子承受这么大的压力，不希望看到自己孩子的焦虑。于是，我们在送孩子上学的时候，一般“直接放下就走人”。但是，我们需要了解焦虑会对孩子造成哪些不良的影响。肯特郡心理健康中心主任乔治娜·罗宾逊曾经在一次访谈中讲过：“其实父母们不愿意面对焦虑的孩子，因为我们会因为孩子的焦虑而焦虑。”认识到这一点很重要。我们会掩饰自己的焦虑，装作不在意的样子。比如，我在学校工作的时候，遇到过很多老师离职。这些老师在离职时，通常都不告诉学生自己要走，因为他们担心自己的离开会让学生难过。但事实上，这些老师是在逃避孩子的伤心和难过。因为只要躲掉现在，下个学期开学时，自己就不在这个学校工作了。但是他们没有想过，自己的不告而别不仅会让学生因为老师离职而伤心，学生还会因为老师的悄然离开而产生低价值感。他们觉得自己不配让老师跟他们说上一声再见，一种被抛弃的羞耻感也会油然而生。

乔治娜·罗宾逊主任提出来的这一点很重要。我们都很难面对他人的痛苦，更何况痛苦的是自己的孩子呢。

但是，作为父母的我们应当悉心呵护孩子的情感。请陪孩子一起坐一坐，跟孩子聊聊天。理解孩子的“痛苦”，告诉孩子我们看得到他们的“痛苦”。请告诉孩子，放学的时候我们一定会来接他们的。孩子还不具备独立的情绪调节能力，当我们离开孩子，把他们交给他人照顾的时候，他们天生就会感到焦虑——这是生物进化的结果。当孩子因为分离焦虑而出现“应激反应”的时候，他们需要我们的帮助。

很多家长朋友都跟我讲过他们对于送孩子上学的恐惧。当他们把孩子送到校门口时，看着他们撕心裂肺的样子，内心真的很受煎熬。很多家长朋友都需要强忍着自己为人父母的本能，一狠心扭头离开孩子，因为我们真的不忍心看着孩子那么伤心（就像乔治娜·罗宾逊主任讲的那样）。还有一些家长朋友看到孩子分离焦虑就感到难为情，怀疑“是不是自己的孩子有问题”，完全不是！来听听我的先生麦克怎么说。

跟麦克一起复盘

其实，所有父母都一样。孩子在有别人（或者老师）在场的时候哭闹，我们都会发怵。我可以给大家一个很好用的建议——尽量地把自己跟环境隔离开来，屏蔽那些议论我们的声音。我们为什么要在意别人怎么想呢？请把注意力集中在自己的孩子身上，想一想孩子为什么会那么不开心？不用太在意旁人的眼光。这一点，我有切身的体会。不管我是带着孩子在学校门口排队，还是带着孩子去超市或坐飞机，我都能很快判断周围哪些人是有孩子的。没有孩子的人大都面露厌恶："你怎么连自己的孩子都管不好啊？"（可惜，我真的是管不好！）而有孩子的家长则会露出同情和理解的表情："你真可怜。还好不是我的孩子在闹！"

其实，不管你所处的环境多糟糕，你都可以深吸一口气，让自己冷静下来。不冷静的父母怎么能让自己的孩子冷静下来呢？就像我太太凯特说的，育儿很简单：相信直觉，如果你感觉不对，那就是不对。为人父母，我们都想保护孩子的安全。

我们本能地想安抚哭泣的孩子，我们本能地想保护自己的孩子不被别人拽走（但这一幕我在校门口看到过太多次）。我理解，人们可能是担心孩子会变得越来越"黏人"，越来越离不开父母，担心把孩子惯坏了。所以，在学校门口，很多孩子被强行从父母身边拉走。

但是，这么做真的有效吗？其实不然。这种行为会影响父母与孩子之间的信任感，也会让孩子大脑里的蜥蜴和狒狒感到不安。我们只需要花一点儿时间来安抚一下孩子，让他们感到安全就好了，他们也会变得更坚强、更有韧性。

科学研究告诉我们，我们可以在孩子生命的初始帮助他们培养良好的心理健康基础，我们可以跟孩子建立健康的依恋关系。这样，孩子大脑里的蜥蜴和狒狒也会被安全感所包围。在面对分离焦虑的时候，孩子也会有一颗强大的内心。

所以，不用在意别人说你的孩子很“黏人”，也不要让别人把哭泣的孩子从你身边拉走，留孩子一个人焦虑不安。

真正优秀的早期教育机构都明白这一点。这些机构都会通过一切途径，尽可能地减轻和避免孩子出现“分离焦虑”。

对于广大家长朋友来说，幼儿园和学校的选择非常重要。在本书里我也会单独来讲一讲如何择校。

说了这么多，我希望大家能够真正地学会运用本书中的方法和工具，陪伴孩子一起度过那些艰难的时刻，平稳入园、入学。

给父母的小贴士

做真实的自己!

其实，我们可以告诉孩子，大人们在经历一些重大的场合时也会紧张、焦虑。我们可以告诉孩子，紧张这种情绪是很正常的。这样，孩子也可以更好地学会克服紧张这种情绪。*原来呀，爸爸妈妈也会感到紧张。这种情绪其实很正常啊。那么我如果紧张了，也是正常的。*

我们没必要一直在孩子面前保持着“无坚不摧”的形象，非要嘴硬地告诉孩子：“我从来就不会紧张，所以你也不该紧张。”在孩子的眼中，父母本来就是“无坚不摧”的。如果我们能够向孩子展示自己的弱点，并且为他们示范如何克服这些弱点，我们才是真正地教会了他们重要的一课：原来脆弱一点儿也可以——因为我们可以战胜自己的脆弱。

孩子还会发现：*哦！原来爸爸妈妈也会紧张呀。爸爸妈妈也会犯错。没关系，那么我犯错也是正常的。*

我们还可以幽默一点儿，给孩子讲几件轻松诙谐的趣事，更好地缓解他们的焦虑。我会给孩子讲一讲我的一些糗事，比如我是如何紧张啦，如何在人前一跤绊倒的，或者怎么不小心在人前放了一个响屁的（当然，我才不会放屁呢，都是小狗放的）。或者，我会讲一些我自己做过的傻事，逗得孩子咯咯大笑。在孩子开怀大笑的时候，他们的身体会释放很多有益的激素。

丧亲

当有家庭成员或者家庭的近亲离世的时候，孩子通常都很难接受这种丧亲之痛。他们可能会反复地询问“所以爸爸，奶奶再也回不来了吗？”或者“为什么奶奶会死呢？”。尽管同样的问题你已经不厌其烦地回答了二十遍，但孩子还是难以接受亲人离世的这个结果。所以，他们会反复不断地向我们发问。千万不要不耐烦啊，也不要生孩子的气。我理解，当有亲人离世的时候，我们自己也很伤心。如果有人一直反复提问，我们也真的很难理性地回应。这个时候，我们大脑里的聪明的猫头鹰可能不太会运转了，感性的狒狒占了上风。没关系，我可以简单地对孩子说："宝宝，抱歉我跟你发脾气了，但是妈妈也好难过。我好想痛痛快快地大哭一场啊！"

家长的思考：
托尼，两个小男孩的父亲

我的父亲在很年轻的时候就得了一种很罕见的痴呆症。在我两个儿子很小的时候，我父亲就已经没办法陪伴他们玩耍了。经过了长达十五年痛苦而又漫长的康复治疗，我的父亲还是去世了。我记得父亲离世的那一天，我从医院回到家，把这个消息告诉了我的两个儿子。我知道他们会很难过。我也没打算向他们掩饰我的伤心难过。

我不想故作坚强，也不想保持缄默。于是，我告诉孩子们，爷爷的身体停止工作了，他离去了。

听到这里,我的儿子们失声痛哭起来。我也伤心难耐。

我坐下了，抱着他俩。我们父子三人一起抱头痛哭起来。他们不时地会问我一些问题，我也会尽我最大的努力来回答他们的问题。后来，我的小儿子哭着哭着，趴在我身上睡着了。我的大儿子则一直拉着我的手，坐在我的身边。

之后，我尽我自己最大的努力来帮助孩子们一起度过这个艰难的时刻。他们最爱的爷爷离世了，他们一定很难接受这个事实。我给他们一起看了爷爷生前的照片，给孩子们讲了爷爷年轻时踢足球的一些趣事。我还告诉他们，爷爷以前会修汽车，如果他没修好，就会哈哈大笑，然后把扳手甩到一边。听着爷爷生前的故事，孩子们都笑了，我也笑了。我一直都坐在他俩身边，紧紧地握着他们的手。

尽管现在儿子们都长大了，但是他们还是很想念爷爷，他们会一直思念逝去的爷爷。他们现在已经知道，如果难过，他们可以痛哭一场，也可以一起追忆爷爷的趣事。无论怎么做，都没有问题。他们现在已经明白，生命就是一场轮回。爷爷虽然离开了我们，但是我们关于爷爷的记忆永不褪色。

亲人离世对于孩子来说是一件很难接受的事情。作为父母，我们应该理解孩子。就像凯特说的一样，在孩子的一生中，这样的艰难时刻还有很多。

不用害怕，也不用逃避。我们可以帮助孩子识别并且命名他们的情绪。与此同时，我们也可以向一些成熟的社会福利机构寻求帮助。重点是，我们要让孩子知道我们会一直陪伴在他们身边。也许孩子不会表达自己的情感，但是父母的陪伴可以极大程度地安抚和疗愈孩子的心理创伤。请及时地回应孩子，倾听孩子。

我们可以举行一些小小的告别仪式，让孩子跟逝去的亲人说声再见。我们可以准备一个大盒子，把逝去亲人生前的一些东西装进去，给孩子留作纪念。我们还可以带着孩子写一首歌、制作一张卡片，或者听从孩子的想法，用合适的方式来纪念逝者。

我理解，通常这个时候我们自己也会很难过，但是再难过，我们都不要忽略孩子的情绪。亲人离世，我们也需要疗伤和安慰。但是，孩子不像我们，他们的大脑里只有一只小小的猫头鹰宝宝，所以，我们还是要像一只聪明的猫头鹰一样，用我们温暖的翅膀将他们保护起来，帮助他们度过这段困难时期。

丧失感

孩子不仅仅会在亲友离世的时候出现丧失感，其他一些情况下，他们也会出现这种感受。对于孩子来说，丧失感是一种非常强烈的感受，还会和其他情绪互相发酵。我们需要帮助孩子来认识和克服丧失感，并且培养他们的情绪调节能力，提高他们的心理韧性。

这个时候，家长的帮助和支持尤为重要。比如，当有亲人患重病的时候，当父母正在商讨离婚的时候，当父母想给孩子换个保姆的时候，当父母要换工作的时候，搬家的时候……我们都要及时地帮助孩子。

父母都不忍心让孩子受苦。但可惜的是，我们没办法替他们承受失去的痛苦。毕竟，这些苦难也是孩子宝贵的人生经历。在遇到苦难的时候，父母的帮助非常重要——我们帮助孩子处理丧失感的方式影响着他们长大后如何处理痛苦的情绪。所以，我们不能只顾眼前，为了不让孩子哭，就草草地敷衍孩子……该流的眼泪终究还是要流的。如果不流眼泪，孩子可能干脆直接会把自己的情感压下去，把负面的情绪封存起来。这样，终有一天，他们会不堪重负的。

大脑的奥秘

不要担心在孩子面前流露出我们自己的情感。如果你担心什么事情，不妨跟孩子分享自己的感受。

这样，孩子不仅会更有安全感，也会更愿意跟你分享他们的感受。请让孩子明白，不管他们有什么样的感受都是正常的。我们可以跟孩子玩一些互动类的小游戏。比如，鼓励孩子把自己的感受写下来，扔到一个小罐子里。这样，帮助孩子更好地表达自己的感受。

——梅尔·戴维斯（英国防止虐待儿童协会儿童早期发展中心主任）

给父母的小贴士

“我需要准备好！”

这里我说的准备是指心理准备，这个说法最早是麦克在皇家海军服役的时候学到的。部队里有这样一句话：“不打没有准备的仗。”不过，你在跟孩子幼儿园老师沟通的时候，不一定要用这样军事化的语言。

我们无法预判亲人生病或者离世。但是很多情况，我们是可以预判的，也可以大致推算出这些事件什么时候会发生。那么这个时候，我们可以提前让孩子做好心理准备，迎接这些即将到来的大事件。

比如，我们可以跟孩子好好地聊一聊。当我们考虑搬家或者给孩子转学的时候，当我们要和配偶分居的时候，我们都可以跟孩子好好谈一谈，做好沟通。在沟通的时候，我们不要谈得太深奥、太难懂，请用孩子能听懂的、简单的语言来跟孩子谈心。

这里，我给大家举个例子。如果你们全家打算搬家了，你可以这样对孩子说：

“宝宝，我们最近一直在看房子，我们觉得这个地方不错。”

你可以坐在孩子的身边，给他们看新房子的照片。请让孩子感觉到自己是家庭的一分子。我们可以给孩子讲讲新房子的地理位置。如果条件允许的话，我们也可以带孩子一起去看看房子。

孩子可能一时会难以接受搬家这件事。那么我们可以立即使用SAS特种部队育儿法，跟孩子确认他们的感受，及时安抚孩子的不安。

永远都别忽略孩子的担忧和恐惧。孩子可能舍不得自己的好朋友，也会担心在新环境里交不到新朋友。所以，认认真真地告诉孩子你们选择搬家的理由，让孩子知道你们决定搬家是经过深思熟虑的，而不是一时兴起的决定。

每一天，你都可以跟孩子聊一聊搬家的这个话题。如果孩子有问题，那就耐心地解答他们的问题。

同时，也给孩子一些决策权。比如，让孩子选择他们卧室墙纸的颜色，让他们安置新的狗窝，让他们决定把玩具放在哪里，让他们想一想在新校园上学的第一天可以做哪些准备，问问他们是不是需要我们帮他们安排和附近的小朋友提前熟悉一下……

请多提问，引导孩子大脑里的猫头鹰宝宝独立思考。理性思考可以帮助他们大脑里不安的蜥蜴和狒狒冷静下来。这样，孩子可以更多地看到“这个大事件”积极的一面，而不是消极的一面。

如果孩子已经有时间观念了，你可以跟孩子一起来捋一捋时间计划。

如果孩子还没有时间观念，你就需要用一些他们可以理解的方法来告诉他们搬家的大概时间。比如说，你可以告诉孩子你们大概会在圣诞节前后，或者在这一学期结束后的假期搬家。

这些时间点都可以帮助孩子更好地做好心理准备。同时，请尽量用积极的态度帮孩子做好心理建设。你可以和孩子一起在墙上挂一张日历。每一天，你们都可以在日历上划掉过去的日子，共同期待搬家的那一天。

你可以充分地发挥你的聪明才智。比如跟孩子一起制作一本照片书，装满你们对老房子的记忆（家庭旅行和老朋友，等等）。当孩子感到不安或者焦虑的时候，多鼓励孩子，陪他们玩耍。你也可以让孩子用画画的方式来表达自己的情感。或者干脆就像威尔伯一样，对着枕头发泄一下吧！

你可以跟孩子共同畅想一下新房子，画出你们梦想中的新家。在画画的过程中，你可以跟孩子一起讨论新家的一些细节，比如新房子是什么样子的、墙壁是什么颜色的。这样，孩子会对即将发生的事件有更直观的感受。如果搬家的原因是你正准备跟配偶分居，或者你们正在走离婚手续，你可以让孩子跟你的配偶一起来勾勒他们的新房子。我理解，可能这有点难做到。但是，这样做对孩子、对大人都很重要。在这样的情境下，大人都很难控制自己的情绪，而孩子的感受也往往会被忽略。

别忘了问问孩子想用什么样的方式来消化这个大事件。比如，孩子可能想画一条时间线，来学会接受父母不在一起的这个事实。在孩子画画的时候，请及时关心他们的内心感受。比如，你可以让孩子用画画来表达他们的情感。之后，你可以把这些画放在一起，鼓励孩子说出他们内心的感受。你可能会发现，孩子的画会有一些阴暗的色调，没关系，让孩子自己抒发情绪就好。你不需要推断什么，也不需要做出任何评论。“哦，你的画好阴暗啊。你一定很难过吧。”不要对孩子的画作发表任何看法，克制一下自己。

孩子可能会因为丧失感而感到伤心难过。就让他们难过一下吧，这是他们正常的心理反应。

只要陪在他们身边就好了。给他们一个安全自由的空间，让他们可以宣泄他们的伤痛，抒发自己的情感。你不需要分析孩子——只需要留给孩子空间。而陪在他们身边，本身就是一种支持。

♥ ♥ ♥

记得，在孩子小小的大脑里住着一只蜥蜴、一只狒狒和一只毛茸茸的猫头鹰宝宝。上述的那些过渡阶段和人生变化在他们的眼中都是非常重大的事件。所以，家长朋友们，请谨记下面几点，耐心地帮助孩子吧。

• **不要期望太高，不要操之过急**。孩子的大脑里住着蜥蜴和狒狒，当他们的世界发生巨大的变化时，他们需要一段时间来消化这种变化，重获安全感。所以不要强迫孩子马上接受变化，期待他们马上就重获安全感，这是不现实的。所以，给孩子时间，帮助他们平稳过渡。

• **多多关注孩子，认真倾听孩子的心声**。

• **请主动为这些人生变化负责**。不然，很多时候，孩子会因为这些事情而感到自责。比如，当父母准备分居的时候，孩子往往会觉得是因为自己不够好，一定是因为自己做错了什么，爸爸妈妈才会分开的。

• **让孩子哭一哭也有好处**。当感到难过的时候，哭是一种很好的减压方式。不要让孩子压抑自己的情感，粗暴地对他们说："别哭了！你一哭我都开始不好受了。"还记得吗？哭一哭是有很多好处的。哭泣也是一种很好的减压方式。眼泪可以净化心灵，可以帮助我们和孩子释放压力，得到慰藉，主动寻找解决方案。在人生的艰难时刻，我们可以陪孩子大哭一场。这样不仅可以帮助孩子治愈他们内心的伤口，还会让孩子更依恋我们。

• **做一只聪明的猫头鹰！**请用温柔而又富有同理心的话语来与孩子沟通。请学会从孩子的角度来看问题。想一想，这些重大的变化在孩子眼中有多么可怕。理解孩子，陪伴孩子，这样也可以帮助他们培养他们自己聪明的猫头鹰，对于孩子的未来也是大有益处的。

最后，别忘记我们之前学过的其他方法和工具。比如，SAS 特种部队育儿法在这些时刻就很有效：S——说出你看到的情况；A——确认事实；S——及时安抚。在遇到一些重大的人生变故时，我们可以参考以下一些话术，来使用 SAS

特种部队育儿法。

1. 说出来你看到的情况（Say）

“对，我知道。这看起来有点难。”

“唉，看起来你对这件事情不太上心呀……我也理解……”

“我感觉你有点伤心……要不要抱一下，然后跟我聊一聊呢？”

2. 确认事实（Acknowledge）

“我承认这确实有点难，没关系。这就是很不容易。”

“搬家之后，你会最想念什么呢？你觉得最舍不得的是什么呢？”

“我知道接受变化不容易，我也理解你。其实，面对变化，我们都会感到不安。”

就这样，承认我们内心的不安，同时跟孩子确认他们的感受。如果你也很难过，你可以说：

“我知道。奶奶去世了真的很让人伤心。爸爸 / 妈妈也好难过。”

“我要搬到别的地方生活了。我知道你一定很难过，我也知道你会想我，我也会想你的。”

3. 及时安抚（Soothe）

“我一直都在你身边，我们一家人一起渡过难关。”

“我会陪着你的，我哪儿都不去。”

现在，让我们一起回顾一下前面讲到的一些实用工具吧。还记得**十分钟加油站**吗？每一天，陪伴孩子玩耍十分钟，把孩子的“情感水杯”装满。在孩子入学前（或者其他一些重大事件前），我们可以使用这个工具。在我家，孩子们每天上学之前，我都会抱抱他们，通过肢体接触传达爱意。如果他们紧张不安，我还会让他们坐在“**安抚椅**”上，帮助他们平静下来，减轻应激激素对孩子造成的不良影响。我们会一起坐在一把摇椅上，我会抱着孩子们一边读书一边摇着摇椅。因为拥抱可以帮助孩子调节情绪，自我疗愈。

我们还可以使用**红色代码工具**，来帮助孩子说出他们的感受。同时，我们还可以从孩子的角度来看问题，灵活运用 **Stop SN-O-T** 翻转法，帮助孩子应对问题，解决问题。

别忘了我们还有每周的**英雄一小时**哟。面对人生的重大事件时，孩子需要跟父母建立起紧密的联结，这样他们才会更好地做好心理建设。我们要让孩子明白，不管发生什么，我们都会陪在他们的身边。

生活是变化的，而我们需要学会适应变化。其实，大人也害怕变化，更何况小孩子呢？他们的大脑里有一只蜥蜴、狒狒和一只猫头鹰宝宝。任何一点儿风吹草动，都会让他们担惊受怕的。但是，如果他们知道，不管遇到什么，爸爸妈妈都会陪伴着他们，他们就会有勇气去面对各种各样的变化。我们的陪伴可以帮助孩子战胜焦虑，获得强大的内心——这种心理韧性在他们长大后也会很有帮助的。

本章里，我们还学到了**回旋镖拜拜、保持在场、口袋里的鹅卵石、仪式感**，以及**做真实的自己**这五个新工具。现在我相信你一定可以自信满满地陪孩子度过各种各样的过渡阶段。现在我们已经有了充分的理论和实践基础，相信不论遇到什么困难，我们都可以轻松克服。在人生的各种重大场合，相信你都可以给予他们需要的帮助和支持。父母是孩子的英雄。通过阅读本书，我们学到了关于蜥蜴、狒狒和聪明的猫头鹰的理论，掌握了各种各样实用、易操作的育儿方法。现在，你已经可以轻松应对各式各样的育儿场景了。科学育儿不仅可以让父母更轻松自如地带孩子，还有利于孩子身心发育，让我们事半功倍。

无论未来的风浪有多大，相信自己，我们能行！

猫头鹰智慧锦囊

- 生活中，变化和失去都是不可避免的。我们需要了解变化和失去会给年幼的孩子带来怎样的影响。

- 当父母分居时，孩子也会感受到压力。感知焦虑的大脑区域也负责处理生理上的痛觉。
- 如果你的孩子表现得很“黏人”，或者出现分离焦虑时，你应该想想孩子是不是缺乏安全感了。
- 当孩子感到焦虑时，他们需要父母的支持。父母的支持会让孩子变得更自信、更有韧性，可以适应一切变化，克服所有困难。
- 我们大都不喜欢变化，也不希望自己的孩子焦虑。所以，多陪在孩子的身边吧。跟他们确认他们的感受，直面焦虑的痛苦。花点时间，好好安慰焦虑的孩子，引导他们平静下来。这样，孩子的身心也会越发健康。
- 在为孩子选择学校 / 育儿机构时，可以相信自己的直觉。如果你觉得一家机构“不对”，那这家机构就不适合你。请选择一个和你“志同道合”，认同你育儿理念的人来照顾你的孩子。
- 做最真实的自己，跟孩子坦白自己真实的感受（当然也要考虑到不同年龄段孩子的接受度）。告诉孩子，大人也会焦虑，所以感到焦虑也没有关系。相信我，你会感受到这句话的魔力。

14

如何装满自己的“情感水杯”？

说实话，我更希望我的母亲是一个真实的人，有血有肉。比起来那种看似完美、无所不能的女性，我更想要一位真实的母亲。

——唐纳德·威尼康特（英国著名儿科医生、儿童精神学家）

谢天谢地，你们读到了最后一章！我得赶紧收尾了……

毕竟，咱们都有孩子，每天都忙得焦头烂额的。所以，你能读到这儿，我能写到这儿，我们都很棒！

我的先生麦克之前在英国皇家海军服过兵役。他曾经开玩笑地说：“如果非要把养娃这件事比作一艘船的话，那么这艘船应该叫‘皇家永不停歇号’。”的确如此。为人父母，本来就是一份永不停歇的工作。带孩子不容易，独自带孩子更不容易。

有人说，带孩子是全天下最艰难的工作，这句话一点儿也不夸张。尤其是，当我们自己的“情感水杯”都不满的时候，带孩子就更不容易了。

父母如果不堪重负、焦头烂额，那首先要处理好自己的情感（比如正在面临的人生重大变故）。因为这个时候，我们自己的大脑里的狒狒已经非常烦躁，频频按响警报铃声了。

如果我们自己的状态都不好，又怎么能教会孩子调节情绪呢？所以，本章虽然是最后一章，却是最重要的一章，因为这一章是关于我们自己的。

在这一章中，我们将会学到如何平衡我们自身的生活，如何装满我们自己的“情感水杯”。同时，我们会明白，关注自己并不是自私，因为我们需要呵护自己，成为最好的自己，这样才可以把最好的自己展现在孩子面前。

那么我们从哪儿开始呢？先来说最基础的一条吧。

睡眠

关于睡眠，我想给大家推荐英国科学家、现任加州大学伯克利分校神经科学与心理学教授马修·沃克的《我们为什么要睡觉》以及牙科医生罗恩·欧利希的《不焦虑的人生：身心健康的 5 大支柱》这两本书。

网上有人用一句话总结了这两本书的主要内容：

“睡眠，是人类自带的、最重要的生命保障系统。”

就是这么简单，但却那么重要。

没有睡眠，我们怎么能成为我们想成为的父母呢？当然，我知道，孩子刚出生的头几个月特别难熬。我也经历过那段痛苦的时光！经常有人会善意地提出建议："孩子睡的时候你也跟着一起睡。"但是，苍天啊，我多希望现实也能如此啊。没有家人帮忙，我们怎么能做到说睡就睡呢？原始社会里，氏族里的亲属们能够给予新手父母很多支持。在孩子小的时候，如果有人能搭把手，新手父母也不至于焦头烂额。

睡眠是我们的头等大事。睡得好的父母，人生才会是多姿多彩的。睡得不好的父母，人生总有一抹阴郁的灰色。既然这样，我们来倒推一下："如何才能保证自己的睡眠呢？"

大脑的奥秘

如果我只能给大家一个建议，我会说每天都固定时间上床睡觉，然后按时起床。我自己非常重视自己的睡眠。因为我在研究中发现，当我们每晚只睡四五个小时的时候，身体里攻击癌细胞的健康细胞就会下降70%。同时，睡眠不足会引起很多疾病，例如肠癌、前列腺癌、乳腺癌等。甚至，世界卫生组织曾经把值夜班列为一种可能的致癌因素。那么我们怎么能不重视睡眠呢？

——马修·沃克教授（神经科学家）

沃克教授的这段话真的让人心头一紧。希望大家都可以好好读一读，自省一下。我不是故意用专家的话来吓唬大家。我只是觉得，当今社会，大家越来越不在意睡眠问题，我想要告诉大家一些关于睡眠的真相，这样大家才会重新重视睡眠问题。

我自己非常重视睡眠。因为我知道，只有我的状态好，我才能更好地照顾我的孩子们；如果我的身体垮掉，孩子们也会受到影响。虽然保持充足的睡眠并不容易（有的时候甚至不太可能），但是我们一定要重视起来。

当我们不疲惫的时候，才会激情满满地陪伴孩子，才会更加理解孩子。在高质量的睡眠中，我们的身体和意识都会自我充电。大脑会在我们睡眠时把过去一天发生的事情进行归档和整理，身体会在我们睡眠时完成自我修复，分泌各种激素。就像沃克教授和其他专家指出的那样，长期缺觉可能会导致一些健康问题，比如肥胖、心脏病、糖尿病，甚至短寿。长期缺觉还会引发抑郁等心理问题。

当出现睡眠剥夺的时候，我们大脑里的蜥蜴和狒狒会被激活。毕竟，蜥蜴和狒狒首先关注的就是生存问题。当我们睡眠不足的时候，生存受到了威胁，我们的状态肯定也不会好。

充足的睡眠可以保证我们的身心健康，从而保证我们能够好好照顾孩子。但是，忙碌的父母朋友们如何才能睡得好、睡得饱呢？

首先，我们先要确定边界：不管如何，每天必须保证八个小时的睡眠时间。既然决定要睡够八个小时，那么我们可以在孩子夜醒的时候让“队友”来帮忙。当老板在晚上十一点发邮件来询问工作的时候，我们也可以把工作先放一放。

跟大家分享一下我的“睡眠圣经”：

• 每晚八点，我会慢慢地让自己静下来——不再使用电子设备。这个时候我会选择阅读。我会把笔记本放在床边，随手记下来一些要做的事情。

• 我还会思考第二天要做的“五件事情”，并写下来。睡前清空自己的大脑，不再担心明天的事情。把要做的事情写下来，心里也会踏实一些。

• 晚上九点，我会准时上床。我的床一定是干净整洁的。我也会拉上窗帘，让房间暗下来。

• 每天早晨五六点，是我自然清醒的时间。这个时候，我通常会非常高效地完成我自己待办列表上的事情。

• 如果够幸运的话，我还能赶在孩子起床之前做完手头的一堆事。

一日之计在于晨。在早晨就完成一天中最重要的任务，你会有一种领先时间的感觉。我们应当利用好早晨的时间，杜绝拖延。

我之所以把上面这些原则叫作“睡眠圣经”，是因为好的睡眠需要不断地练习和努力。我们每一个人都有许多不同的角色。我既是母亲，又是妻子，记者，作家……面对繁忙的生活，我总是会牺牲自己的睡眠时间。可是读了马修·沃克教授的书，我突然意识到，睡眠永远都应该排在第一位。

沃克教授有个观点很有趣，他说："很多人都觉得让自己睡够是自私的。但其实不然，充足的睡眠是关爱自我的第一步。"

当然，我们每个人情况不一样，家庭环境也各不相同。所以，在保证睡眠方面，我们选择适合自己的方案就好了。睡眠不是奢侈品，而是生活必需品。对于家长朋友来说，睡眠永远是最重要的。

有时，我们会用英文 Sleep（睡觉）这个词的几个字母来代表一些重要的元素，帮助家长朋友们平衡自己的生活，装满我们的"情感水杯"。

如果 S 代表 Sleep——睡眠，那么 L 就代表 Love——爱。这里的爱指的是对自己的关爱。

爱自己意味着关爱自我。我知道，有些时候我们会感觉灰心丧气，觉得我们是失败的父母。我们会不断地质疑自己：为什么别人的孩子都那么听话，我们到底是哪里做得不够好？

时常有一些家长来跟我吐露类似的心声：

"我总是充满了负罪感。"

"我觉得我真的差劲极了，什么也做不对。"

"为什么别人都那么轻松，我到底哪儿做错了？"

"如果我听到孩子跟我说'妈妈，过来帮我擦屁屁'或者‘妈妈，陪我玩吧’，我真的……”

在传统社会里，当我们有挫败感时，就会有过来人跟我们传授他们的经验。他们会抱抱我们、安慰我们，告诉我们其实这很正常，所有父母都经历过这些。当我们感受到被爱的时候，我们才会去爱别人。可当今社会，我们的身边可能没有那么多人来安慰我们。我们应当让自己的内心更强大，打造自己的内在“支持系统”。而首要的就是我们要会自我关爱。

大脑的奥秘

对于家长朋友来说，自我关爱真的很重要！自我关爱可能听起来奢侈。每一天我们不仅要照顾孩子，还要努力工作。我们要打理房子，还要兼顾家庭关系和社交关系……真的是分身乏术。我们哪里有时间来关爱自己呢？很多家长朋友干脆就忽略自己了。但是真的不能这样。因为只有我们好好地照顾好自己，我们才能够更体贴、更有耐心，情绪也更稳定。孩子需要情绪稳定的父母。只有情绪稳定的父母，才能养出情绪稳定的孩子。当我们自身已经能量耗尽的时候，我们很难去满足孩子的情感需求。

所以，首先我们要照顾好自己，确保自己的心理健康。我们只有先照顾好自己，才能更好地照顾我们的孩子。

——苏珊娜·泽德克博士（婴幼儿心理学家）

关爱自己并没有错，这是最无私的“自私”。因为只有我们好，我们的孩子才能好。

现在，我已经意识到了这一点，也知道“独处时间”对于我自己的身心健康的重要意义，于是我每天都会拿出二十分钟来宠爱自己（其实直到克莱门西和威尔伯分别长到八岁和六岁，我才真的能拿出这点时间来给自己）。

我们可以选择适合自己的放松方式，比如听听电子书、听听音乐或者手机播客、洗个泡泡浴（科学研究表明，泡泡浴可以帮助身体释放一些抗焦虑的物质）。如果你的配偶或朋友能帮你照看一会儿孩子，你也可以出去走走，散步有益于我们的身心健康。夏天的时候，我会到户外去走走。背靠着一棵大树，光脚踩在草地上，感受着嫩嫩的绿草扎在脚底的感觉——那是一种非常脚踏实地的感觉。只要五分钟，我就可以放松下来。作为父母，我们把自己放在第一位是无可厚非的，每天至少拿出二十分钟的时间来给自己。这样，我们也给孩子上了人生重要的一课：关爱自己。

接下来，让我们再次回到英文 Sleep（睡觉）这个词的几个字母吧。

说完了 S 和 L，E 代表吃饭（Eating）。

饮食直接影响着我们的情绪健康。营养师金·皮尔森曾经指出：“作为父母，我们应该注重健康饮食，规律进餐。这样，我们才能为孩子做出良好的示范。”皮尔森还建议：

• 做饭不求复杂，选择容易料理的食材，放在一起烹饪就好了。选择的食材不用多么高级，好吃又可饱腹的食材就行。

• 在做饭的时候，我们需要考虑饮食结构的合理性。保证每餐我们都能摄入足够的蛋白质（比如各种蛋、海鲜、鱼类、肉类、豆腐或者豆豉）、非淀粉类的蔬菜，以及适量的健康脂肪（比如橄榄油、椰子油、牛油果、坚果和各类种子）。

• 一天好几顿饭，听起来好像工作量很大，但其实不然。我们可以提前把食材准备好，按照每餐的分量冷冻起来。这样，在赶时间的时候，直接解冻就可以吃到健康的饭菜了。

• 同时，我要提醒大家注意控糖。不管是孩子还是大人都应该注意糖类的摄入。

• 健康饮食不是说不让大家享受美食。我们也可以偶尔放纵一下。只要平时有节制，偶尔大吃一顿也没关系。

• 睡眠不足会引起饥饿感，并且影响身体分泌产生饱腹感的激素。缺觉会让我们越来越饿，并且会让我们吃东西的欲望很难得到满足（所以，睡饱觉了，我们也就不会吃那么多零食了）。

• 疲倦时，我们会更想吃碳水化合物或者甜食（如比萨饼、意大利面、吐司）。

Sleep 里的另外一个 E 代表锻炼（Exercise）。

大家可以选择合适的运动方式，比如慢走、跑步、游泳、骑行等。（我最近给自己买了一个小蹦床，平时不用的时候就折叠起来。当我需要解压的时候，我就会戴上我的耳机，在上面尽情蹦上十分钟！）每个人喜欢的运动各不相同，不管是瑜伽、普拉提、爬山还是足球，只要适合你的就是最好的。还记得布鲁斯·佩里博士的研究结果吗？重复性的、有规律的动作可以帮助我们释放压力。我认真地思考了一下我现在喜欢跳舞的原因：因为我会在舞动中感到快乐。随着音乐翩翩起舞有助于我的身心健康。跳得好坏不重要，重要的是，我们可以随着音乐随心舞动。这个时候，我们就启动了身体的“内部疗愈仓”。这个词可不是我造的，科学家尤文纳斯·莫伯格创造了这个概念。他认为，当我们舞动身体的时候，身体会释放一种“天然的疗愈激素”，这些激素有助于缓解我们的压力。

过去，我总觉得健康的食物是索然无味的，是需要强忍着吃下去的。现在我不这么认为了。

我热爱做饭。我可以一边做饭，一边跳“萨尔萨摇摆舞”，这是多么轻松愉快的事情。

最后，字母 P 代表三件事情：伴侣（Partner）、人际关系（People）以及休闲玩耍（Play）。

跟温暖的人在一起是一件很治愈的事情。当我们跟志同道合的朋友在一起的时候，我们的情绪调节能力会得到提高，我们的压力也会得到释放。美国青少年健康中心创始人娜丁·伯克·哈里斯博士曾表示：“健康的社交关系有助于丰富我们的内心以及自我疗愈。”哈里斯博士认为，和积极的朋友交往有助于我们释放自身的压力，孩子也可以在积极的人际交往中学会释放压力。人与人之间的联结本身就有着治愈人心的力量。

育儿会影响到我们的社交关系。忙碌的带娃生活可能会让我们跟朋友产生隔阂。可是，当我们感到和朋友渐行渐远的时候，千万要记得：请坚持住，和朋友保持联系，及时寻求朋友的支持。当我们在无助、挣扎的时候，我们可以跟成熟睿智的朋友敞开心扉、分享我们的心事，也可以去寻求专业人士和机构的帮助。

在孩子小的时候，我们经常会感到茫然无措。只要我们伸出双手，就一定会得到帮助。如果朋友和亲人的支持还不够，我们可以向专业人士或者专业机构求助。从长远的角度来看，这样对我们和孩子都大有裨益。网络社区也是父母们的好帮手。不过，如果条件允许，真实的世界还是比网络世界来得可靠。跟真实的人见上一面吧！当我们的双手被握紧，当我们的倾诉被认真聆听，当我们的伤痛被人理解，我们就会逐渐地被治愈。

人类是群居动物，我们需要社交。就像儿科医生古迪·辛格博士说的那样：“一个拥抱可以改变世界。”

当今社会，我们在带娃时，可以走出去拓展自己的“育儿部落”。不管我们有多坚强，我们都需要得到别人的支持。

跟麦克一起复盘

我以前当过兵。面对严酷的军事训练，没有战友的支持，是撑不下去的。当我们在条件恶劣的战壕里训练时，跟战友们一起吐吐槽，说几句俏皮话，日子好像也没有那么难熬。不管天气多么寒冷，环境多么危险，条件多么恶劣，跟他们一起开开玩笑，感觉没有什么事情是过不去的。可是，如果战友之间突然不再互相打趣、开玩笑，那么事情就严重了。这意味着有人不行了……在极度寒冷的恶劣环境下，可能是有战友开始经历失温了。这个时候，我们更需要互相帮助。父母育儿也需要这样战友般的情谊和互相支持。

在英国皇家海军服役期间，我还学到了一个道理，这个道理也适用于育儿：无论此刻多么寒冷、酷热、潮湿、饥饿……无论是否你已经被蚊虫叮咬到难以忍受，还是满身水泡……没有什么是一个热水澡不能解决的。如果不能，那就好好地大吃一顿、美美地睡上一觉吧！在孩子小的时候，我的日子真的不太好过。但是热水澡、美食和充足的睡眠总是能治愈我！（现在也能！）

所以，请好好照顾自己；跟志同道合的朋友保持积极的社交；每天抽出二十分钟的时间给自己，让自己的大脑放空一下（正念练习）。做一个情绪稳定、心智成熟的大人，这样对自己、对孩子都好。

对于成年人来说，休闲玩耍可以是很广义的，比如瑜伽冥想、针灸治疗、SPA按摩、呼吸练习，等等。通过这些方式，我们的大脑可以分泌一些抗焦虑的物质。休闲玩耍很重要。要记得，我们首先是自己，其次才是孩子的爸爸妈妈。

给父母的小贴士

蝴蝶拥抱法和手指呼吸法

当我们一人独自带娃，感到筋疲力尽的时候，有什么办法能够快速地安抚我们大脑里的蜥蜴和狒狒呢？

这里，我要给大家介绍两个好用的小方法：蝴蝶拥抱法和手指呼吸法。这两个方法既简单易操作，又不花钱。

蝴蝶拥抱法

蝴蝶拥抱法是一九八八年心理治疗师露西娜·阿迪加斯在墨西哥辅导灾民时发明的。这个办法不仅适用于灾后心理问题的治疗，也适用于我们的日常生活。这个小方法可以激活我们双侧大脑，启动“自我管理双边刺激”。我觉得蝴蝶拥抱法可以很快地让我平静下来，重新获得安全感。

操作方法很简单：

• 首先，把双手环抱于胸前。

• 把双手中指放在两侧的锁骨上。尽量让双手保持竖直。手指尽量向上，而不是朝向胳膊。这个时候，可以抬起手臂，像蝴蝶振翅一样。你可以闭着眼睛，也可以微微睁开一些，看着自己的鼻尖。

• 然后，左右交替，用手轻轻地拍打胸腔。保持缓慢呼吸：用鼻腔深吸气，再用鼻腔深呼气。保持这个呼吸方式，直至你感到自己放松下来。

这个办法对我非常有效。蝴蝶拥抱法既简单又温和，每次都能够快速地让我平静下来。在练习蝴蝶拥抱时，我们可以让思绪自动流转，也可以感受周围的环境——听听周围的声音，闻闻周围的气味。

我们随时随地都可以练习。我们可以选择一个自己舒服的姿势，站着、坐着、躺着都可以。我们可以睁着眼睛，也可以闭上。关于蝴蝶拥抱法，如果你还有更多的问题，你可以上网查找更多信息。

接下来，我们来聊聊——

手指呼吸法

这个方法也很简单，很多学校的心理老师和心理咨询师都会使用这个方法。

• 首先，把手指用力张开，像星星一样伸出来。之后，用一只手的食指顺着另一只手的手指上下移动。我们可以先从另一只手的大拇指开始。

• 当我们用食指往上滑的时候，用鼻子深吸气。当我们往下滑的时候，用嘴深呼气。一直保持这样的呼吸方式，直到我们上下滑完每一根手指。

每当我遇到情感危机的时候，手指呼吸法都可以帮助我快速平静下来。不管是让我备感压力的心理咨询师培训，还是繁忙的家庭生活，手指呼吸法都可以让我沉着冷静。

通过这个方法，我发现了呼吸的力量。每当我感到压力的时候，我都会用鼻子吸气、用嘴呼气。我们也可以教孩子使用手指呼吸法让他们平静下来。手指呼吸法不仅可以帮助我们保持冷静，也可以让孩子得到安抚。

♥ ♥ ♥

集全村之力养一个孩子

南非前总统纳尔逊·曼德拉曾经说过：判断一个社会好坏的标准，就是看看这个社会里孩子们的地位。没错，人类社会是集体社会。在养育后代的时候，我们需要借助集体的力量。当我们劲儿往一处使的时候，我们会变得更强大。因此，养娃的时候，我们不仅需要朋友和社区的支持，更需要来自政府的支持。

二〇二〇年，英国皇家基金会曾经进行过一次全国性的调研。这次调研面向英国五岁以内孩子的父母，旨在分析英国家长在养育孩子上的一些观点和看法。调研发现，很多社会问题的根源都来自童年经历。比如，心理问题、家庭破裂、酒药成瘾、无家可归等社会问题都可以追溯到人们的早期经历。

英国剑桥公爵夫人凯特王妃也向公众们宣布了调研结果：现代社会压力重重，大多数家长无暇关注自身的心理健康。调研中，仅有 10% 的受访家长表示自己曾花时间关注过自己的心理健康。比如，在孩子出生前做好思想准备。而 70% 的家长则表示自己曾经感到过育儿的挫败感。这种挫败感和怕人指责的情绪直接影响着他们的心理健康。这次调研向我们揭露出一个严峻的事实：大多数父母都是一座孤岛。大家都在孤军奋战，不好意思对外寻求帮助。

新冠疫情下，不少城市封城、学校停课……这些都对父母和儿童的心理产生了影响。疫情让我们更加艰难。我们发现自己越来越忙，越来越没有时间，越来越筋疲力尽。我们前所未有地需要别人的帮助。哪怕只有几分钟，只要能和别人聊一聊，我们都会得到慰藉。因为，从外界的帮助里，我们知道自己从来都不是一个人。

我身边就有很多很棒的女性朋友：我的姐妹克莱尔和艾米、我的闺密、孩子学校里的妈妈们、我的邻居，还有我的同事。我非常珍惜她们给我的宝贵建议。当我感觉状态不好的时候，我会跟她们聊一聊，听听她们的建议。一起吐吐槽，一起因为一些“傻乎乎”的笑话笑一笑，非常解压。平时，我们会互相帮忙，彼此照应。我们会互相帮忙接孩子，会组织孩子一起玩耍，也会分享育儿经验，给彼此打气。我身边也有很多很棒的男性朋友。在带孩子方面，他们通常能给我一些不一样的启发。他们善良又富有同理心，对自己的孩子温柔又有耐心。我跟很多的父亲聊过天。通过聊天，我发现爸爸也不是一份容易的工作。父亲也需要我们的理解和支持，一样需要外界的支持。在带孩子的时候，他们也想听一听别人的建议。育儿的路上，他们也不想一个人。

家长的思考：

雷内，两个孩子的父亲，孩子幼年时丧偶

众人拾柴火焰高。一个人带孩子真的不容易。你在带娃的时候得到过什么帮助吗？我儿子小时候就是我一个人带的。后来，我太太跟我一起带女儿。之后，我太太去世了。于是，我又开始了一个人带俩娃的日子。两个人带孩子比一个人轻松多了。关于这一点，我真的是太有体会了。有些事情我比较擅长，而有些事情我太太比较擅长。我是行动派，我擅长开车、修东西、购物、陪孩子踢球、带孩子游泳，等等。而我太太更擅长倾听。

她去世之后，我记得我去过姜饼人俱乐部（英国单亲家长的慈善机构）。那里都是单亲妈妈。我是唯一的男性。直到今天，我还记得前台人员对我的态度是多么冷淡。她们的态度似乎在告诉我：你来错地方了。也不是说她们多有敌意，她们就是不热情而已。但是我没有被吓退，我还是继续去这个俱乐部。我觉得我必须得去。我需要社交，我需要与人建立联结。我想学习如何带孩子，我需要跟人接触。我知道一个人参加派对的尴尬。没有人体谅你一个人带孩子的辛苦。但是好在我也有人支持：我的女性朋友们、我的邻居们、其他家长朋友。我可以跟他们聊一聊，也可以邀请他们带着孩子来我家一起玩。是他们让我觉得自己不是孤军奋战。

我们都想成为优秀的父母。我相信你的身边也有优秀的人。他们可以指导你、帮助你，跟你分享他们的育儿经验。他们是你的安全网，是你最亲密的战友。

跟麦克一起复盘

刚当父亲的头几个星期，我感觉自己就像是在一个放满钉耙的黑屋子里跌跌撞撞地晃荡。可能某一天，我运气不好，就会撞倒了所有的钉耙。适应新身份真的很难。过去我只需要管好自己,而现在我需要“摸黑前行”。我经常怀疑自己，我渴望得到别人的帮助。相比其他父亲，我年龄大一些。我敢说，在育儿这件事上，我几乎就没有得到过什么实质性的帮助和建议。人们都说“带孩子比你想象的难多了”或者“相信你的本能就好了”，但是这些建议并不靠谱。靠着直觉带孩子可能会让我们犯各种各样的错误。就像我之前说过的，就是养一只小狗，我都能得到更多建议的。

你可能是一个单身父亲，你也可能跟伴侣一起带孩子。你可能是孩子的生父，也可能是孩子的养父。这些都不重要，重要的是父亲对孩子的成长至关重要。很多爸爸都会觉得自己做得不够好，不是一个称职的好爸爸（或者，可能只有我一个人这么觉得）。但是，父亲真的是孩子人生中非常重要的一个角色。孩子需要父亲。而我们也需要孩子。

做父亲丰富了我的人生经历。我很感恩可以成为一个父亲。我想引用亚伯拉罕·林肯总统的一句话：当我们弯腰帮助孩子的时候，我们是要放低姿态的。所以，我非常认可前面那位父亲雷内所付出的努力。他非常有毅力。虽然经历了丧妻之痛，但是他成了孩子们的好父亲。雷内的例子告诉我们，永远不要害怕问问题。我们每个人都有自己不了解的领域。在我看来，没有任何问题是“愚蠢”的。我们应当相信团队的力量，学会向外界寻求帮助。他人的支持比我们一个人在家上网搜索答案更有帮助。

对我来说，跟其他家长朋友聊天是最有帮助、最有启发的。同为父母，我们彼此可以敞开心扉，一起畅聊养娃路上的各种困难。跟这些朋友在一起，我不用担心面子问题，可以畅所欲言，问我想问的所有问题。跟他们一起聊天，我才发现，原来天下的孩子都一样，原来大家都一样。我的孩子没毛病，我也没毛病。只是我和其他家长遇到的问题各不相同而已。

生活不会永远一帆风顺，我们会遇到困难和挫折。但是，只要我们学会与人分享，他人自然也会分担我们的压力。

大脑的奥秘

在人类过去数千年的进化史中，我们已经习惯了生活在一个“狩猎－采集”型的社会里。在这个社会里，人与人之间关系纵横交错、联系紧密。

孩子也习惯在这样一个社交型的社会中长大。过去，一个大家族里可能有一百五十多人。在这样庞大的家族里，每个六岁以下的孩子平均都有至少三名成年人照料。孩子在成长的过程中，身边有着各种各样的人陪伴：老人、兄弟姐妹、亲戚以及其他成年人。

在这样的社会结构中，孩子也习惯跟不同的人进行互动。可是，现代社会发展迅速。通信、科技的进步改变了我们的社会结构，孩子的成长环境也发生了变化，可他们的大脑还是习惯于过去那种复杂的社会结构。

——凯特·斯坦利、纳森尼尔·肯德尔·泰勒博士（社会结构研究院）、皮特·冯纳吉教授（安娜·弗洛伊德儿童与家庭国家中心）

希望我们全社会可以团结起来，共同关注孩子的早期发展。从胎儿到五岁是孩子发展的关键时期，我们必须要拿出精力来关注孩子的身心健康。与此同时，我也呼吁大家关注家长们的身心健康。

作为成年人，我们也需要得到帮助和支持。关注孩子、关注我们自身，都非常关键，需要一代代持续关注，薪火相传。

就像非洲的一句谚语说的那样：“集全村之力养一个孩子。”

还记得我们是怎么长大的吗？

认真想一想，我们从自己的父母身上学到了哪些东西呢？临床儿童心理学家奥利弗·詹姆斯曾经指出：“在养育孩子的时候，我们可能会沿用我们父母养育我们的方法，也可能会完全弃用他们的育儿方法。”反思一下我们的成长经历，也是一件很积极的事情。我们可以认真地想一想：童年时我们最快乐的记忆有哪些？而最痛苦的记忆又有哪些？当我们在养育自己孩子的时候，有哪些育儿方法我们想要沿用？而哪些我们想要摒弃呢？我希望大家都能认真地想一想：当我们还是孩子的时候，什么样的事情让我们感到幸福？感到安全？在养育我们自己孩子的时候，我们可以沿用那些让我们感到幸福和安全的育儿方法，摒弃那些让我们不开心的育儿方法。

如果你觉得很难去关爱自己，或者很难去回忆童年的经历，我建议你去跟心理咨询师聊一聊。一个好的心理咨询师可以帮助我们重新认识我们内心的那个“小孩”。关于这个话题，如果展开了讲，我又可以写一本书了（当然，我也很想写！）。忧虑和伤痛无可避免，但是只要有对的人，我们就可以渡过难关。当我们得到他人的支持时，当我们被他人认真倾听的时候，我们也可以更好地照顾我们的孩子。就像航空安全指南里讲的那样：“当遇到气流不稳定的时候，请先戴好自己的氧气面罩，再去帮助他人。”

在西方社会，我们总是很注重批判性思考。于是，我们总是习惯性地对别人的育儿方式指手画脚，也总是觉得别人在指责我们的育儿方式。别陷入这种怪圈。回过头来，好好看看我们自己，好好地关心一下我们自己。我们每个人，都在努力给孩子幸福。

这样就足够了。

家长的思考：
雷内

作为一个单身父亲，我花了好长时间才想明白一个道理，那就是，在养孩子这件事上，我不需要听任何人的意见。有时候，我会觉得自己好像是个局外人。我会感到愧疚、感到不称职，但是不要忘记，我们每个人都是努力在做一个好父母啊。

只要我们坚信这一点，我们就可以照顾好孩子，照顾好自己。请记得：

• 没有完美的父母。

• 我们永远都有机会重来一次——毕竟，明天又是新的一天。

• 我们不会永远正确。但是我们只要有做对的时候就够了。小小的一步会带来大大的改变。

• 不管过去发生了什么，过去了就是过去了。我们永远可以去修复我们和孩子之间的关系，也永远可以去修复我们与自己的关系。

我之所以着手写这本书，就是想跟广大家长朋友分享我对于儿童早期发展的一些见解。

我想让大家知道，童年的经历非常关键，决定了孩子长大后会成为一个什么样的大人。0—5 岁是孩子发育的关键阶段。我们可以帮助孩子度过这段快乐的时光，让孩子的身心更加健康。我们可以学会用孩子的眼光去看世界，学会共情，更好地去理解孩子、帮助孩子。我希望通过用蜥蜴、狒狒和聪明的猫头鹰的比喻，帮助大家更加了解孩子。

每一个孩子都有巨大的潜能。作为父母，我们可以学会关注孩子、倾听孩子。孩子的大脑里都有着最原始、最本能的冲动。我们可以学会理解孩子的各种情绪，做一个有同理心的家长，学会理解孩子。其实，孩子只是需要父母的陪伴。

孩子需要我们。所以，从现在开始，多陪陪孩子吧。还有，把手放在胸前，认真地跟着我一起念：“你的孩子并不淘气。”

致谢

在这里，我想对所有帮助过我的人衷心地说一声感谢。

感谢利特尔·布朗图书集团的各位同人：佐伊、吉丽安、卡拉拉、艾米、萨拉、安迪以及团队里的所有同事，谢谢你们。谢谢你们在这本书上倾注的心血，是你们让我的梦想照进现实。

班尼斯特创意公司的阿曼达·班尼斯特，你总是那么成熟睿智，那么美丽优雅，感谢你对我的帮助。

贝夫·詹姆斯、汤姆·怀特以及贝夫·詹姆斯管理公司的全体同人，跟你们一起共事真的很开心。

感谢英国广播公司的各位同事：萨拉、利奥妮、马尔科姆，是你们的帮助让我有时间来完成这本书的创作。

科尔达·艾斯，感谢你为这本书所创作的插画。你真的非常有才华！跟你一起合作真的很开心——感谢你让这本书焕发出了生机。

感谢戴夫的爸爸。是你打电话给我，鼓励我写书的。是你一直鼓励我、信任我，为我加油。还有，现实生活中的“尤达大师”——玛特，谢谢你！

感谢本尼和罗比，谢谢你们的友谊。感谢你们对我始终如一的帮助与支持。感谢你们在儿童心理健康方面做出的突出贡献。

皮特，没有你的建议我不可能出书的。感谢你对我的信任。同时，你的建议和认可是我最珍贵的礼物。感谢你为千千万万的孩子和家庭所做出的贡献。

布鲁斯，谢谢你接受我的多次采访。你的著作《登天之梯》已经问世好多年了，但是观点依旧鲜明。是你，让人们意识到了儿童虐待的问题。

苏珊娜，是你的精神鼓励我完成了这本书的创作。我衷心地感谢你给这本书提出的所有宝贵的建议。

玛格特和伽柏，我从你们的著作中汲取营养，获得了启发。

有很多朋友在百忙之中抽出时间，阅读了本书的一稿，并且提出了宝贵的建议。他们是：

迪肯·贝宁顿博士，英国国家健康服务中心（NHS），儿童与青少年精神科；

苏珊·库克，英国国家预防儿童虐待协会（英国儿童保护慈善机构）研究与证据部负责人；

皮特·冯纳吉，英国国家健康服务中心（NHS）临床顾问，儿童心理健康专家；安娜·弗洛伊德儿童与家庭国家中心执行官；

艾马顿·麦克格雷教授，神经科学以及精神病理学教授，英国心理创伤协会创始人之一；安娜·弗洛伊德儿童与家庭国家中心主任；

布鲁斯·佩里博士，神经科学家，美国儿童创伤研究院高级研究员；

苏珊娜·泽德克博士，婴幼儿心理学家，儿童联结社区创始人。

感谢邓肯·瓦尔德，迪士尼创新部原负责人，是你的“纸箱子”理论启发了我。

在这里，我还要感谢很多人。是你们的支持和帮助陪我度过了这段创作的时光：

布鲁斯·卡拉克博士，儿童以及青少年精神病专家，南伦敦和莫兹利医院儿童精神科主任；

戴安娜·迪恩，观察网研究主任；

朱莉·汉密森，英国创伤知情学校副校长；

丹尼斯·佩雷拉·格雷爵士；

伽柏·玛德博士，内科医生，心理成瘾专业医生，作家；

琼·奥沙利文，英国帝国勋章获得者、伦敦早期教育基金会CEO。

马修·帕特里克博士，英国国家健康服务中心（NHS）

原 CEO ;

本尼·莱福森勋爵以及罗伯特·A. 莱恩，英国儿童心理健康公益组织 Place2Be 主席；

乔治娜·罗宾逊，肯特郡心理健康中心创始人；

玛格特·桑德兰博士，伦敦儿童精神健康中心教育培训部主任；

皮特·万利斯，英国国家预防儿童虐待协会（英国儿童保护慈善机构）首席执行官。

在过去的十五年里，我从很多的公益组织和慈善机构学到了很多，也得到了很多帮助。在这里，我想对这些公益组织表示衷心的感谢，感谢你们为儿童心理健康问题做出的杰出贡献：

安娜·弗洛伊德儿童与家庭国家中心；

英国国家预防儿童虐待协会；

英国儿童心理健康公益组织 Place2Be ;

英国皇家基金会。

感谢我在 Place2Be 一起共事过的同事们，你们是最棒的。疫情期间，我们互相鼓励，一起沉下心来做研究……我们一起“玩耍”，一起大笑。我们真的是一个优秀的团队。谢谢你们！

乔治娜和贝克，你们教会了我太多太多，是你们鼓励我勇于钻研。

金、凯兹、玛丽安、汤姆、玛特和布鲁克，谢谢你们。

你们总是活力无限，灵感四射。感谢你们带给我的帮助和正能量。

感谢我的朋友们，感谢你们的陪伴。温馨的下午茶时光、一起聊天的日子，都让我感到幸福。奈特莉、苏珊娜、佩妮、萨拉、约蒂、泰、卡洛琳、丽莎、安迪、贝卡，还有我的雷内眼科医院的朋友们，感谢你们，跟你们在一起总是有着聊不完的内容。

我还要感谢凯文·尼尔利、詹姆斯·多彻蒂、依安·史密斯、波林·斯科特、卡勒姆·哈奇森、卡琳·麦克拉斯基、约翰·卡诺坎、哈利·伯恩教授、克里斯丁·古道尔、娜丁·伯克·哈里斯博士、尼文·芮妮等朋友，是你们给予我灵感，是你们给了我热心公益的动力。

感谢我身边的那些爸爸妈妈，感谢你们对我敞开心扉，跟我分享你们育儿路上的点点滴滴。是你们让这本书变得更加充实。

感谢罗西·尼克森、克莱尔、阿尔巴·帕托、艾丽·麦克莱恩以及雷内·卡拉罗——感谢你们的热心分享。

感谢珍妮·史密斯——我的助产士。你是我认识的最美丽的人，是你帮我把克莱门西和威尔伯带到人世间。你就像是灿烂繁星，无私又优秀。

丽莎·艾丽——谢谢你。你成熟又睿智。是你鼓励我踏上了心理咨询的道路。你教会了我太多太多，不胜枚举。

感谢我的母亲，您真的非常伟大。感谢您为我做的一切：

为我泡的一杯茶、一个拥抱、教会我烹饪……在过去的一年里，您真的帮了我太多。这本书刚好在您生日那天出版。我知道爸爸也一定会感到很欣慰。我真的非常非常爱您。

谢谢我的姐妹克莱尔和艾米，你们真的很棒！你们既是优秀的母亲，又是优秀的自己。这一年，我们共同度过。我们一起欢笑，一起吐槽自己的先生。有时候，我们也会一起吐槽自己的孩子。这才是亲姐妹吧！

克莱门西和威尔伯（不要忘记我们家的小狗盖茨比哟）——谢谢你们。你们就是我夜空中最亮的星星，你们都是最棒的。我全心全意地爱着你们。感谢你们愿意在这本书里跟大家分享你们的故事。陪着你们长大是一个不断学习的过程。

最后，我要谢谢我的先生麦克。你就像启明星一样，照亮着我的航程。这段旅程中，很幸运有你同行。你知道我很爱你。我也知道你很讨厌秀恩爱。不好意思，我就是要在这里秀一下——感谢你选择了我。我爱你，直到永远。